« Majesté, je dois beaucoup
à votre père... »

Jean-Pierre Tuquoi

« Majesté, je dois beaucoup à votre père... »

France-Maroc, une affaire de famille

Albin Michel

À la mémoire de Jacques de Barrin,
journaliste au Monde,
et à l'indépendance d'esprit
dont il sut faire preuve

« Ce sont nos passions qui esquissent nos livres, le repos d'intervalle qui les écrit. »

Marcel Proust, *Le Temps retrouvé.*

Introduction

La France entretient avec le Maroc des relations singulières. Elles diffèrent profondément de celles qui nous unissent, par exemple, à l'Algérie ou à n'importe quel pays d'Afrique noire. Cette particularité, qui ne cesse d'étonner nos voisins européens, est revendiquée à Paris aussi bien qu'à Rabat. Les dirigeants politiques français la rappellent à l'envi lorsqu'ils accueillent un responsable marocain à Paris ou à l'occasion d'un déplacement dans le royaume chérifien. C'est également vrai en sens inverse.

Au besoin, pour accentuer le trait, on convoque les mânes de Lyautey, le plus célèbre et le plus subtil des résidents généraux envoyés par la France dans le protectorat marocain, et l'on cite Mohammed V, le grand-père du souverain actuel, qui fut la figure d'une indépendance arrachée à la métropole sans trop de drames.

Depuis l'élection de Jacques Chirac, le phénomène n'a fait que s'amplifier. Entre visites officielles et séjours privés, séminaires intergouvernementaux et signatures de contrats commerciaux, inaugurations de carrefours et de bâtiments officiels, Paris et Rabat n'en finissent pas de célébrer une proximité et une bonne entente que les deux capitales citent en exemple au reste du monde. « Le partenariat maroco-français est si dense et actif qu'il constitue aujourd'hui une référence en matière de coopération internationale », pouvait-on lire à l'automne 2005 dans le premier numéro du bulletin édité par l'ambassade du Maroc.

Le chef de l'État français est au cœur du phénomène. Il a nourri l'emballement en insistant sur les « relations quasi familiales » que lui-même et son épouse entretiennent à l'en croire avec le roi Mohammed VI et sa famille. La parole présidentielle est devenue parole d'évangile. Et, comme telle, personne n'est allé y voir de plus près.

C'est l'objet de ce livre que d'analyser sans parti pris ce qui se cache derrière cette relation depuis une vingtaine d'années. La pêche est aussi riche que surprenante. Dans les filets remontent des histoires édifiantes de gros sous et de petits intérêts, de pieux mensonges au nom de la raison d'État, des règlements de comptes sordides, des vengeances médiocres, des crises diplomatiques entre alliés, des rivalités sans fin, des brouilles éternelles, des morts suspectes...

Les entretiens que j'ai eus depuis des années avec ceux et celles qui ont été les artisans ou les témoins de la relation France-Maroc forment l'ossature de l'ouvrage. Qu'ils soient ici remerciés, en particulier les responsables espagnols qui furent les témoins ou les acteurs de la crise de l'îlot Persil. Mes remerciements vont aussi à Ignacio Cembrero, journaliste au quotidien *El País*, un connaisseur averti du royaume et des cercles du pouvoir à Rabat. Certaines personnes rencontrées au cours de l'enquête n'ont pas souhaité être citées pour des raisons que je n'ai pas à juger. J'ai respecté leur volonté.

Mon précédent ouvrage, *Le Dernier Roi. Crépuscule d'une dynastie*, jamais distribué au Maroc, m'avait valu lors de sa parution une campagne de presse hostile dans plusieurs journaux du royaume, assortie d'un « conseil » venu du patron d'un des services de renseignement du royaume. Sans m'interdire formellement l'entrée du Maroc, il m'avait invité à ne plus m'y rendre « pendant quelque temps ». Le « quelque temps » a duré deux ans. Une période qui m'a paru bien longue. J'ose espérer que ce type d'excommunication a disparu du « Maroc nouveau », puisque, à écouter les dirigeants français, le royaume partage nos valeurs, qu'il s'agisse de la démocratie ou de la liberté d'expression.

1.

La promesse du parrain

Le président avait soigneusement préparé la phrase dans l'avion qui le ramenait d'Afrique noire à Rabat. Sur place, il l'a prononcée à voix basse, avec le ton grave et convaincu qui convenait en ce jour de deuil : « Majesté, je dois beaucoup à votre père et, si vous le souhaitez, tout ce qu'il m'a donné, je m'efforcerai de vous le rendre. »

La mine défaite, l'œil hagard, le jeune roi Mohammed VI n'a pas répondu à Jacques Chirac qui venait de le prendre par l'épaule en signe d'affection. À peine s'est-il contenté de murmurer un « Oui, oui, merci... » happé au vol par quelques-unes des personnes entassées dans la minuscule salle du palais, des membres de la famille royale en djellaba blanche, une poignée de ministres, une brochette de militaires, des serviteurs.

Nous étions le dimanche 25 juillet 1999 au palais royal de Rabat, et le Maroc se préparait à enterrer Hassan II, décédé après trente-huit ans de règne absolu. Le trône changeait de mains sans changer de dynastie. À un vieux monarque incommode et retors succédait un souverain de près de trente-six ans, peu préparé aux affaires.

Maintenant, Mohammed VI savait pouvoir compter sur le président français. Jacques Chirac avait une dette à l'égard de son père. Il allait l'honorer en servant le fils. Ce que le jeune monarque ignorait, c'est que onze jours auparavant, à Paris où il était l'invité d'honneur aux cérémonies du 14 Juillet, un Hassan II sentant approcher la mort avait confié à Chirac et ses enfants et son royaume. À la tribune officielle dressée place de la Concorde, au cours d'un bref échange empreint d'émotion, il lui avait recommandé de veiller sur ses fils et filles, d'être le père qu'il ne serait plus, et d'aider le futur Mohammed VI dans son métier de roi lorsqu'il aurait quitté ce monde. Le président s'était engagé.

« Majesté... Tout ce qu'il m'a donné, je m'efforcerai de vous le rendre. » La phrase n'était pas vraiment une surprise pour Mohammed VI. Plutôt la confirmation d'une promesse secrète. Quelques mois auparavant, alors qu'enflaient les rumeurs sur la mauvaise santé de Hassan II, le président Chirac avait en effet fait transmettre dans la plus grande discrétion par un proche du prince héritier un message écrit l'assurant que, lorsqu'il serait amené à monter sur le trône chérifien, la France serait son partenaire le plus ferme et lui, le président, son allié des bons et des mauvais jours.

Sept ans plus tard, il faut reconnaître que Jacques Chirac a tenu parole. Il s'est rendu plus fréquemment au Maroc qu'en Bretagne ou en Aquitaine. Et il en a fait son sujet de conversation favori.

Au total, aucun chef d'État étranger n'a défendu la monarchie marocaine avec une constance égale à la sienne. Aucun ne l'a soutenue avec une telle générosité. Que ce soit à Paris, à New York au siège des Nations unies, à Bruxelles où se réunit la Commission européenne, à Alger ou à Madrid, Jacques Chirac aura été tout au long de ses deux mandats l'avocat infatigable du royaume et de son souverain. « Chirac El Alaoui », avait titré le grand quotidien espagnol *El País*, qui a consacré une pleine page à cette relation singulière et sans équivalent dans l'histoire de la Vᵉ République entre le chef de l'État français et le Maroc officiel. C'était bien trouvé : par son comportement, Chirac a mérité de rejoindre la famille royale et la dynastie des Alaouites.

Être l'avocat du royaume était une tâche aisée au tout début du règne de Mohammed VI. L'envie de tourner la page des années Hassan II avec leur cortège de fantômes sinistres était telle que l'héritier du trône, peu connu du grand public, ne pouvait qu'être adulé. Il le fut de façon un peu sotte et moutonnière.

On chantait ses louanges parce qu'il conduisait lui-même sa voiture de sport ou raffolait du jet-ski, qu'il s'arrêtait aux feux rouges, qu'il payait l'addition dans les restaurants. On se pâmait parce qu'il avait visité les provinces du nord du royaume délaissées par Hassan II. Il autorisait le retour de l'opposant Abraham Serfaty ? C'était un roi défenseur des droits de l'homme. Il renvoyait le ministre de l'Intérieur de son père, le « grand vizir » Driss Basri ? C'était un roi démocrate. Il distribuait de la nourriture aux nécessiteux pendant le ramadan ? C'était le roi des pauvres.

Puis sont venus les premiers doutes, les premières rumeurs. Le démocrate n'abandonnait au gouvernement que des miettes de pouvoir. Le défenseur des droits de l'homme n'intervenait pas pour s'opposer à la fermeture des rares journaux indépendants. Le roi des pauvres vivait sur un grand pied et investissait à tour de bras.

Dans ces moments de flottement aussi, Jacques Chirac n'a pas hésité à se faire l'avocat du souverain. Au journaliste qui l'interroge en janvier 2001 à Yaoundé, au Cameroun, où se tient le 21e sommet Afrique-France, sur ce monarque fuyant et énigmatique qui n'a pas souhaité être logé dans l'hôtel qui abrite les autres délégations, le président français jure sans sourciller que Mohammed VI reste le roi progressiste tant vanté au début de son règne. « Je continue à croire en lui comme au premier jour », affirme-t-il avec aplomb.

Et lorsque, quelques années plus tard, l'image de marque du monarque se trouve dégradée, son ami français reste toujours au premier rang de ses défenseurs. Seul l'argumentaire a changé : « Le garçon n'est pas mal. C'est l'entourage qui pose problème », confie-t-il au président Bouteflika qui l'interroge sur ce voisin de l'Algérie aussi imprévisible qu'insaisissable. Le jugement franchit rapidement la Méditerranée.

Il serait erroné de ramener les relations entre la France et le Maroc à la connivence affichée entre l'Élysée et le palais royal. Entre les deux pays, les liens sont autrement plus solides et plus anciens. Ils remontent à une histoire partagée dont le héros, s'il en fallait un, pourrait être le maréchal Lyautey, l'homme qui, au début du XXe siècle, rêvait d'un Maroc ouvert sur la modernité sans pour autant renier ses traditions. Son rêve, Lyautey, installé à Rabat avec le titre de résident général de France au Maroc, allait le faire partager à ses compatriotes pour qui le royaume deviendrait la « nouvelle frontière » à atteindre.

Un siècle plus tard, il demeure quelque chose de cette épopée. Dans le cœur des Français, le Maroc occupe une place à part. C'est une sorte de seconde patrie, et pas seulement pour les élites. Plus d'un million de Français visitent chaque année le royaume, devenu leur destination étrangère favorite. Des dizaines de milliers d'entre eux y résident, et leur nombre s'accroît au fil des années sous la pression des retraités en particulier, qui savent trouver de l'autre côté de la Méditerranée des conditions de vie meilleures – à revenu égal – que dans leur pays natal.

La réciproque est également vraie. Les sujets de Mohammed VI connaissent mieux la France que l'Algérie. Beaucoup ont un parent, un ami installé chez l'ancien colonisateur ; beaucoup ont conservé l'adresse d'un touriste français croisé ici ou là.

C'est évidemment au niveau des élites que cette proximité est la plus criante. Le Maroc est – de loin – le pays où les ministres français se rendent le plus fréquemment. La haute politique, la défense des intérêts tricolores ne justifient pas à elles seules un tel nomadisme gouvernemental. C'est autant une question d'attirance. Quel est le ministre qui n'a aucune attache au Maroc ? Dominique de Villepin a fait illustrer par un peintre franco-marocain un recueil de ses poèmes. Dominique Strauss-Kahn, Élisabeth Guigou, Hubert Védrine qui y sont nés – tout comme l'actuel Premier ministre – sont des habitués du royaume. Martine Aubry l'a découvert lorsqu'elle était ministre et y retourne régulièrement.

Ce ne sont pas les seuls. Il y a quelques années, l'ambassadeur du Maroc en France avait eu l'idée d'organiser à Paris une réception à l'intention des « amis du Maroc » les mieux introduits dans la société française.

Outre la douceur des mets, les participants ont conservé le souvenir d'appartenir à une tribu bien plus importante qu'ils ne pensaient.

À l'automne 2005, une autre réunion de la petite famille a eu lieu sur les Champs-Élysées, au Fouquet's. Il s'agissait de célébrer – avec quelques mois d'avance sur le calendrier officiel français – le cinquantième anniversaire de l'indépendance du Maroc. La liste des invités était éclectique, qui allait de Nicolas Sarkozy à Régine, de l'ancien capitaine de l'équipe de France de rugby, Abdelatif Benazzi, à Jean-René Fourtou, l'homme fort de Vivendi. Il est vrai que les organisateurs avaient mis les petits plats dans les grands en confiant à des cuisiniers de La Mamounia, la Mecque de la jet-set franco-marocaine à Marrakech, et d'un palace d'Agadir le soin de nourrir la fine fleur du village franco-marocain.

L'élite marocaine n'est pas en reste, qui a fait de la France sa base de repli et de Paris sa seconde capitale. La famille royale n'y manque pas de points de chute luxueux, entre le château de Betz, ses cent vingt pièces et son parc de quarante hectares, celui de Gretz-Armanvilliers tout aussi grandiose, la maison de Bougival offerte par Hassan II à sa fille aînée ou l'appartement, plus vaste que certains musées, d'un des cousins du roi, quai d'Orsay, en bordure de Seine.

Depuis, d'autres sont venus s'y ajouter, tel le refuge de la mère de Mohammed VI, Latefa, à Neuilly, où elle a refait sa vie.

L'exemple venant d'en haut, la classe dirigeante du pays a suivi. L'ancien chef du gouvernement d'alternance, le Premier ministre socialiste Abderrahmane Youssoufi, coule une retraite que l'on imagine paisible à Cannes au côté de son épouse française. L'appartement est, paraît-il, modeste. Son prédécesseur a choisi Sceaux, une ville cossue de la banlieue parisienne. Celui que l'on surnommait « le grand vizir », l'ancien ministre de l'Intérieur, Driss Basri, occupe, lui, l'appartement de Pierre Mendès France dans le XVIe arrondissement de Paris. Son adversaire de toujours au palais, le conseiller du roi le plus médiatisé, André Azoulay, surnommé « le dévot » par le journaliste Jean Daniel, a investi également dans les quartiers chics. L'un des rares à n'avoir pas opté pour la douce France en fin de compte fut le secrétaire particulier de Hassan II, Abdelfetah Frej, disparu en décembre 2005. L'homme qui avait la haute main sur la cassette royale avait suivi outre-Rhin son épouse allemande. Méfiant à l'égard des services de renseignement français qu'il soupçonnait d'être trop proches de leurs homologues marocains, il ne souhaitait pas s'installer en France.

Ces grands anciens affichent sans complexe leur attirance pour la France, leur seconde patrie. Ce n'est pas le cas de toute l'élite. Ancien ambassadeur au Maroc dans les années quatre-vingt, Philippe Cuvillier se souvient de Marocains de la bonne société qui, après avoir épousé une Française, demandaient une naturalisation tout à fait légale. « Ils venaient en rasant les murs. Pour eux, demander la nationalité française, c'était une façon de se mettre à l'abri : "Au cas où..." Hassan II laissait faire mais voyait ça d'un très mauvais œil. » Une confirmation de cette double nationalité honteuse, mal assumée, l'actuel ambassadeur de France l'a touchée du doigt le jour où il a organisé à Rabat un dîner pour les anciens des grandes écoles françaises. Le diplomate pensait inviter des Marocains. En réalité, à quelques exceptions près, tous ces anciens polytechniciens, centraliens et autres possédaient la double nationalité.

Les marques de la prééminence française irriguent tout ce qui se rapporte aux classes favorisées de la société marocaine. On parle le français et non l'arabe dans les conseils d'administration de l'ONA, le premier conglomérat privé marocain – dont le principal actionnaire n'est autre que la famille royale. Dans la presse, la publicité commerciale privilégie les titres francophones et oublie les autres, en contradiction avec les chiffres de diffusion.

Et que dire du poids des intérêts tricolores dans l'économie locale ? La France est partout première : premier partenaire commercial, premier investisseur étranger, premier créancier public, premier bailleur de fonds bilatéral. De la Société Générale à la BNP-Paribas, les grands noms des banques françaises ont pignon sur rue dans le royaume tout comme les compagnies d'assurances. Vivendi a mis la main sur l'opérateur public de téléphonie, Maroc Telecom, dont les coquets bénéfices n'ont pas peu contribué au renflouement de la maison mère. Le groupe hôtelier Accor s'est taillé un empire dans le royaume, où il a raflé pour une bouchée de pain quelques-uns des plus prestigieux palaces, dont le palais Jamaï à Fès. Bouygues est le roi du béton au Maroc. Après en avoir coulé des dizaines de milliers de mètres cubes – probablement fabriqués localement par le groupe Lafarge – pour édifier la mosquée Hassan II sur la corniche de Casablanca, il s'est vu confier la construction d'un port gigantesque à Tanger qui ambitionne de concurrencer Algésiras, sur la côte espagnole. Demain, le roi du BTP obtiendra probablement le contrat pour la première ligne de métro à Casablanca. En fait, le contrat était prêt et seule la disparition brutale de Hassan II a ajourné le projet. Suez et Véolia se partagent le marché de l'alimentation et du traitement des eaux ainsi que celui des déchets des grandes agglomérations. Danone inonde le Maroc de ses yaourts, tandis que Renault assemble des voitures dans le royaume. « Les Français ont tout acheté. Plus rien ne leur échappe », se plaint depuis son exil parisien l'ancien bras droit de Hassan II, Driss Basri [1].

C'est tellement vrai que lorsque Jacques Chirac s'efforçait de convaincre Hassan II que le Maroc, client traditionnel de Boeing, devait se diversifier et se rapprocher d'Airbus, le roi lui répondait que c'était impossible pour des raisons diplomatiques. « On ne pouvait pas tout acheter aux Français », fait valoir a posteriori l'ancien « grand vizir ». Il n'empêche que depuis l'arrivée de Mohammed VI sur le trône, les Français ont réussi à mettre fin au monopole de l'avionneur américain : la compagnie nationale, Royal Air Maroc, a passé une première commande au consortium Airbus. Côté militaire, Paris n'a pas à se plaindre : la moitié des chasseurs sont « made in France » et c'est Dassault qui, fin 2005, a décroché la remise en état d'une partie des appareils du royaume.

La proximité entre la France et le Maroc est telle, les intérêts économiques et personnels si imbriqués, qu'au sein de la classe politique de l'Hexagone et dans les journaux, toutes tendances confondues, rares sont ceux qui osent critiquer le royaume et ceux qui le dirigent. Dans les dîners en ville, les piques ne manquent pas ; en public, ce ne sont que des éloges plus ou moins teintés d'hypocrisie.

1. Entretien avec l'auteur, juillet 2004.

Ce qui ne surprend pas vraiment s'agissant de la droite française, historiquement bienveillante à l'égard de la monarchie marocaine, étonne venant de la gauche. Chantre de la République, avocat passionné de la laïcité, Jean-Pierre Chevènement, par exemple, participe sans état d'âme à cette célébration et se gargarise d'appartenir « à la famille des amis du Maroc ».

Homme de gauche lui aussi et amoureux du pays où il passe chaque année ses vacances estivales, Dominique Strauss-Kahn trouve que la France doit faire davantage pour le royaume : « Il faut privilégier le Maroc. On n'en fera jamais assez pour lui [1] », dit-il. Comme le fait observer Francis Mayer, patron de la puissante Caisse des dépôts et consignations, l'un des partenaires du Festival des musiques sacrées de Fès : « Tous les dirigeants français sont des amis du Maroc [2]. »

Que l'on n'attende pas de la presse hexagonale une vigilance qui fait défaut aux politiques. À rebours des journaux espagnols, antimonarchistes jusqu'à la caricature davantage qu'antimarocains, les médias français sont souvent d'une extraordinaire bienveillance lorsqu'ils traitent du Maroc et de son régime monarchique. On y disserte plus volontiers du couple royal et du jeune héritier que des mauvais traitements dans les locaux des services secrets ; on y parle plus aisément des avancées – incontestables – en matière d'égalité hommes-femmes que des errements de la justice. La désinformation n'est pas loin lorsque des magazines parisiens persistent à nous décrire Mohammed VI comme au premier jour de son règne il y a près de six ans, alors que des événements graves sont survenus

1. Entretien avec l'auteur, juin 2005.
2. Entretien avec l'auteur, juillet 2005.

depuis dans le royaume. Et il y a malhonnêteté intellectuelle lorsqu'à l'été 2005 une chaîne de télévision, en l'occurrence TF1, diffuse au journal de 20 heures – très regardé au Maroc – un reportage enthousiaste sur l'avancement du nouveau port de Tanger en omettant de dire que le groupe qui conduit le chantier et celui qui possède la chaîne de télévision ne font qu'un. « Les Marocains n'ont même pas eu besoin d'intervenir. La décision est directement venue du 14e, l'étage de la direction de la chaîne », croit savoir un journaliste maison.

Paris Match, contrôlé par Hachette, n'est pas en reste. Il est devenu une sorte d'hebdomadaire officieux de la monarchie. Plusieurs numéros spéciaux ont été publiés à la gloire de Mohammed VI et de sa famille, qui restent en vente des semaines, voire des mois durant, dans les kiosques du royaume. Ils ne risquent pas la censure. La complaisance y est la règle, même lorsqu'on s'appelle Anne Sinclair, envoyée spéciale de *Paris Match* le temps d'une interview du roi. En contrepartie, le magazine semble détenir le monopole des photos de la famille royale et de ses multiples palais [1]. Le summum a sans nul doute été atteint en novembre 2005 lorsque l'hebdomadaire a eu le privilège de publier une photo de la famille royale – presque au complet [2]. « Une photo jamais réalisée dans l'histoire du Maroc », « un cliché unique et mémora-

1. A contrario, un hebdomadaire marocain s'est attiré les foudres du palais pour avoir publié des photos banales de l'épouse du roi. Le crime était de l'avoir fait sans passer par les voies officielles.

2. Presque au complet, puisque ni la mère de Mohammed VI, ni son cousin, Moulay Hicham, tous deux en délicatesse avec le roi, n'y figuraient.

ble », écrit *Match*[1]. À titre de lot de consolation sans doute, le quotidien officieux du palais royal offrira quelques jours plus tard à ses lecteurs le fameux cliché. L'ambassade de France au Maroc, elle, est allée beaucoup plus loin, qui a fait distribuer dans toutes les classes terminales du royaume un tiré-à-part contenant des extraits du dossier de *Match*[2].

La défense des intérêts industriels français n'explique pas forcément le traitement de faveur dont bénéficie le Maroc. Ce dernier doit beaucoup aux compromissions individuelles. Entre les séjours à La Mamounia, les invitations au Festival de musique de Fès ou à celui de Marrakech – tourné vers le cinéma –, l'attrait des terrains de golf du royaume, il faut être un moine et avoir une force d'âme peu commune pour ne pas succomber à la tentation et garder son esprit critique. C'était le cas de Michel Jobert, très attaché à son Maroc natal. Un ambassadeur français à la retraite se souvient que, venu accueillir au pied de la passerelle d'un avion l'ancien ministre des Affaires étrangères de Georges Pompidou, il l'avait laissé filer. L'ancien ministre était descendu de l'avion par la porte arrière avant d'aller s'installer, anonyme, au volant d'une voiture d'un autre âge.

Michel Jobert n'est plus, et son exemple n'a guère fait d'émules. Ceux à qui le palais n'envoie pas un véhicule officiel réclament sans honte à l'ambassade de France voiture et chauffeur. Mais comment résister lorsque le parrain du système donne l'exemple ?

---

1. *Match du monde*, novembre-décembre 2005.
2. *Le Gri-Gri international*, 15 décembre 2005.

2.

En famille

L'expérience mérite d'être tentée. Elle consiste à demander à des Marocains pourquoi Jacques Chirac entretient des relations si étroites avec leur pays, pourquoi il y est tellement attaché. Les réponses risquent de surprendre : de nombreux sujets de Mohammed VI – et pas uniquement parmi le « petit peuple » – sont convaincus que du sang marocain coule dans les veines du président français, qu'il a de la famille dans le royaume. Les mieux renseignés parlent d'une tante, d'une grand-mère. Les plus prudents évoquent une parentèle du côté de Bernadette Chirac... Ceux qui suivent de près la vie politique française ajoutent d'un air entendu que son mandat présidentiel achevé, Jacques Chirac viendra se réfugier au Maroc pour échapper à la justice de son pays. « Il va faire comme Bettino Craxi », jurent-ils en référence à l'ancien chef du gouvernement italien qui, poursuivi pour corruption dans son pays, choisit de terminer sa vie en exil en Tunisie.

Bien entendu, le chef de l'État n'a pas de parent au Maroc. Son épouse pas davantage. Et il est probable qu'il n'entend pas y finir ses jours, quelle que soit la tournure prise par ses démêlés à venir avec la justice. En revanche, Jacques Chirac se considère comme faisant – presque – partie de la famille royale. N'a-t-il pas évoqué publiquement, au début du règne de Mohammed VI, les relations « quasi familiales » qui l'unissent à ses membres ? Le jeune monarque confirmera cette proximité dans une interview au *Figaro* : « C'est vrai. Le président Chirac et Mme Chirac entretiennent avec ma famille des relations de très grande affection et d'une réelle proximité [1]. »

Jacques Chirac et ses relations « quasi familiales » avec les Alaouites : il n'en fallait pas davantage pour inspirer au président Abdelaziz Bouteflika, devant un visiteur étranger, une réflexion mi-amusée mi-agacée sur ce chef de l'État français, catholique affiché comme son épouse Bernadette et, *dixit* son homologue algérien, « descendant du prophète Mahomet », puisque l'histoire officielle du Maroc nous enseigne qu'un fil direct relie la dynastie des Alaouites au fondateur de la religion musulmane. Pour ceux qui en douteraient, la presse quotidienne du Maroc n'a pas manqué, à l'occasion de la disparition de Hassan II, de publier l'arbre généalogique qui confirme la filiation royale.

Jacques Chirac ne se contente pas de revendiquer une proximité avec la famille royale. Il l'affiche par des mots, des gestes, des comportements, certains connus du grand public, d'autres soigneusement tus. Côté cour, il y a donc ces accolades appuyées lorsque les deux chefs d'État se rencontrent à l'Élysée ou ailleurs, ces embrassades dès que Chirac croise l'une des trois sœurs du souverain dans une réception, ces informations distillées à la presse française pour entretenir l'image de Jacques Chirac « ami numéro un de la famille royale », comme disait l'ancien ministre des

1. *Le Figaro*, 4 septembre 2001.

Affaires étrangères Hubert Védrine. Un jour, c'est le couple royal qui vient présenter à Jacques et Bernadette Chirac l'héritier du trône, Moulay Hassan, qui babille encore dans son berceau. Deux ans et demi plus tard, le bambin a grandi et Bernadette Chirac en parle comme d'un génie en herbe : « Le petit prince est extraordinaire, il a déjà reçu une éducation royale, il est d'ailleurs aussi bien élevé qu'attentif. Et il a reconnu, ce matin, une personne chez qui il va parfois prendre le thé[1]. » Une autre fois, c'est le président français qui s'éclipse de Paris en fin de journée simplement pour aller rompre le jeûne du ramadan au domicile de Mohammed VI qui l'a invité à Rabat. L'escapade n'a duré que quelques heures mais la presse française a noté que le jeune roi était venu à l'aéroport accueillir son hôte en toute simplicité au volant d'une voiture de sport. C'était l'objectif.

À peu de temps de là, un épisode similaire plongera dans des abîmes de perplexité les journalistes accrédités à l'Élysée. Il s'agit d'une nouvelle visite aussi rapide qu'imprévue du président français au palais royal à Rabat. L'explication ne tardera pas en provenance de Matignon : Jacques Chirac a voulu couper l'herbe sous le pied de son Premier ministre, Lionel Jospin, qui, quelques jours plus tard, allait effectuer une visite officielle au Maroc et être reçu par le roi. Commentaire d'un journaliste : « Chirac a fait comme les chiens. Il est venu au palais juste le temps de marquer son territoire » !

Le président excelle dans ces jeux de rôle et ces scènes de représentation. Quel invité au dîner de gala offert à l'Élysée en l'honneur de Mohammed VI n'a pas été épaté de voir le président égrener le nom de chacun

1. *Paris Match*, 24-30 novembre 2005.

des neveux et nièces de Mohammed VI ? Quel journaliste ne s'est pas senti gêné en voyant Bernadette, en visite officielle dans le royaume avec son mari, s'ériger en chef du protocole royal et rabrouer sans ménagements un confrère qui – ô sacrilège – avait osé tendre sa main de roturier à une princesse de sang royal ?

Côté jardin, la connivence ne s'affiche pas. Elle se cache comme autant de clins d'œil, de secrets minuscules qui avec le temps finiront par s'envoler loin des palais. Qui sait que le président, dans le rôle du papy gâteau, a été le confident de Lalla Soukeina, la jeune nièce du roi, qui lui téléphonait quotidiennement lorsqu'elle préparait le baccalauréat ? Qui imaginerait que Mohammed VI, agacé par les jeans trop moulants à son goût que portait sa sœur aînée, Lalla Meryem, a demandé un jour à Chirac, par téléphone, d'intervenir pour qu'elle s'habille de façon plus classique ? « Vous avez davantage d'influence que moi », dira le roi. Qui soupçonnerait que le président s'éclipse parfois de l'Élysée pour aller prendre le thé à Neuilly où l'épouse de feu Hassan II, Latefa, réside lorsqu'elle n'est pas à Marrakech ? Qui a entendu parler de Chirac appelé au secours pour ramener le calme après les disputes qui ont agité la famille royale au lendemain de la disparition de Hassan II ?

Médiocre, l'affaire aurait tourné au scandale sans l'intervention discrète de l'Élysée. Tout a commencé un jour de novembre 2002 sur les Champs-Élysées, à Paris. La douceur des températures invite à la promenade. Comme n'importe quelle touriste, la veuve de Hassan II déambule de boutiques de luxe en cafés huppés sous la protection discrète de gardes du corps. Mais ils ne sont pas seuls. D'autres « anges gardiens ». finissent-ils par réaliser, suivent de près la « mère des princes » – le titre officiel de Latefa. Échauffourées, insultes, menaces : l'explication tourne au vinaigre jusqu'à ce que la deuxième équipe d'anges gardiens avoue être là sur ordre du palais royal. Mohammed VI fait donc surveiller sa mère en cachette !

Latefa, en délicatesse avec le jeune roi qui apprécie peu sa nouvelle vie de veuve joyeuse, menace de faire un scandale. Elle prévient son autre fils, Moulay Rachid, contacte l'Élysée, vitupère contre son aîné Mohammed VI, demande à Chirac d'intervenir... Le résultat ne se fait pas attendre. Quelques jours après l'incident, le lundi 2 décembre, Jacques Chirac fait un aller retour surprise de quelques heures à Casablanca. Parti en fin d'après-midi, le chef de l'État est de retour à l'Élysée en fin de journée. La presse s'interroge sur les raisons de cette escapade privée. Faute de mieux, elle privilégie l'hypothèse humanitaire. Des inondations ont frappé le royaume peu auparavant, faisant plus d'une soixantaine de morts et des dizaines de disparus. Comme, le matin, le Quai d'Orsay indique que Jacques Chirac a fait parvenir à Mohammed VI un message de « solidarité et d'amitié envers le Maroc dans l'épreuve qu'il traverse », tous les journaux établissent un lien entre la catastrophe et la visite. Conclusion logique mais erronée. Chirac n'est pas venu jouer les consolateurs mais le juge de paix.

Pour quel résultat ? On l'ignore mais depuis cette algarade Chirac a acquis un statut de médiateur écouté, quitte à travestir l'histoire. On raconte qu'il a offert ses services pour régler le problème de la garde des enfants au lendemain du divorce de l'aînée des enfants du roi défunt, Lalla Meryem ; qu'il a été sollicité au moment du partage des biens de Hassan II ; qu'il est intervenu pour rapprocher Mohammed VI et son turbulent cousin, Moulay Hicham, que ses idées progressistes ont fait surnommer « le prince rouge »... Mais que ne raconte-t-on pas ?

Intéressés au premier chef par les liens tissés entre le locataire de l'Élysée et le palais royal, les dirigeants espagnols ont toujours été admiratifs et intrigués par cette proximité sans équivalent dont ils ne possèdent pas la clé. Très proche de feu Hassan II qui lui rendit de menus services, le roi Juan Carlos a bien tenté de se rapprocher de son fils. En vain. Un jour, il lui fit parvenir un téléphone portable dernier cri fabriqué en très petit nombre et réservé aux amis du souverain espagnol. Un petit bijou technologique avec, gravée sur la coque, la signature du couple royal espagnol. Un petit mot accompagnait le présent dans lequel Juan Carlos rappelait à Mohammed VI que le téléphone était un outil de communication. C'était une invitation à peine masquée à se rapprocher du palais royal de Madrid et donc de l'Espagne. Le téléphone n'a jamais été utilisé.

« Chirac a dû offrir son premier cadeau à Mohammed VI lorsque celui-ci était un gamin d'une dizaine d'années. Les Espagnols ont un sacré retard à rattraper », s'amuse un proche collaborateur du président français. La tâche est d'autant plus dure et l'avenir d'autant moins encourageant qu'entre l'héritier de la couronne d'Espagne, le prince Felipe, et Mohammed VI, les relations sont inexistantes.

Cette espèce de supériorité affichée sans complexe par l'Élysée lorsqu'il s'agit du Maroc a toujours interloqué les responsables espagnols. José Maria Aznar a raconté quelle fut sa surprise lorsque, jeune chef de gouvernement dépourvu d'expérience internationale, il rendit visite à Jacques Chirac – son modèle en politique à l'époque. « Je t'aiderai sur tous les dossiers sauf sur le Maroc », lui lança en forme d'avertissement le président français. On le verra, dans la bouche de Jacques Chirac ce n'était pas une menace en l'air.

Son successeur, José Luis Rodriguez Zapatero, a pu lui aussi prendre très rapidement la mesure de la proximité entre Mohammed VI et Jacques Chirac. C'était quelques jours après sa prise de fonctions. Zapatero n'avait guère eu que le temps d'aller faire un saut à Rabat pour montrer combien le réchauffement des relations entre l'Espagne et le Maroc lui tenait à cœur. Après cette première visite à l'étranger, il avait mis le cap sur l'Élysée. De son entrevue avec le chef de l'État, Zapatero a surtout retenu une phrase de Chirac, à propos du Maroc, de l'Espagne et de la France : « Mohammed VI m'a raconté votre visite. Il en a été très content. »

Tout était dit. Zapatero savait qu'entre Paris et Rabat on ne se cachait rien. Que ce qui se racontait à Rabat finissait par revenir aux oreilles de Jacques Chirac. Et qu'une connivence franco-marocaine existait, solide autant qu'ancienne, avec laquelle Madrid devait compter.

Sur quoi cette connivence repose-t-elle côté français ? Sur une crainte et sur un projet. La crainte, c'est la même que celle qui a conduit Paris à soutenir le coup d'État des militaires algériens au début des années quatre-vingt-dix pour barrer la route aux « barbus » du Front islamique du salut, le FIS. Les responsables français redoutent aujourd'hui de voir des *boat people* marocains accoster en nombre sur les côtes françaises, si d'aventure la monarchie venait à être balayée par les islamistes. Le projet, c'est celui de faire du Maroc une sorte de vitrine de l'influence française en Afrique du Nord, un modèle de démocratie pour le monde arabo-musulman opposable au contre-modèle irakien fabriqué par les États-Unis.

Ces liens entre les deux pays, Chirac les cultive au fil de ses visites au Maroc. Et elles sont nombreuses. Entre les visites officielles et les escapades privées, les séjours d'une semaine et les passages en coup de vent, le président français est un habitué du Maroc. Aucun chef d'État occidental ne s'y rend aussi fréquemment.

Parfois, l'actualité le contraint à interrompre des vacances marocaines et à revenir à Paris mais, sitôt l'affaire réglée, le président s'empresse de retourner dans sa seconde patrie. Ce fut le cas en décembre 2004 lors de la libération des deux journalistes français retenus en otage en Irak. En revanche, quelques jours plus tard, aux premières heures du tsunami en Asie, alors que l'on avançait déjà le chiffre de plusieurs centaines de milliers de victimes – dont 560 Français –, le président ne jugea pas utile de déserter le palais mis à sa disposition à Marrakech, ne serait-ce que brièvement[1]. À l'époque, la presse avait stigmatisé le « silence des vacances ».

Habitué des cinq-étoiles, que sait Chirac du Maroc ? Lorsqu'il en parle, c'est sans imagination aucune et en des termes d'une banalité confondante. « Chirac ne connaît pas le pays, juge Hubert Védrine. Il est proche de la famille royale, mais du Maroc, il ne sait que ce

1. Ce chiffre de 560 victimes françaises a été considérablement revu à la baisse.

que racontent les rapports des services de renseignement et les télégrammes diplomatiques. Il connaît mieux l'Asie. »

Ce dont le président peut parler en spécialiste, en revanche, ce sont les palaces du royaume. À Marrakech il a longtemps fréquenté La Mamounia tant appréciée par Churchill, passé de la politique à la peinture au lendemain de la Seconde Guerre mondiale. Mélange d'art déco à la française et d'art hispano-mauresque, le palace, construit dans les années vingt, est l'un des plus huppés au monde. Lorsqu'il était maire de Paris et qu'il y descendait en compagnie de son épouse, Chirac ne logeait pas dans l'hôtel proprement dit. Par souci de discrétion, il préférait occuper l'une des villas construites dans le parc de sept hectares. Là, il pouvait recevoir en toute discrétion, s'exhiber en short sans risque de se trouver nez à nez avec un groupe de touristes américains ou japonais égaré dans ce temple de l'hôtellerie de luxe. Seule exception à ce souci de discrétion : la fréquentation assidue du centre de remise en forme de La Mamounia.

Mais la promiscuité relative que le maire de Paris acceptait, le candidat à l'Élysée n'en a plus voulu. D'où, à partir de 1990, un changement de palace.

Oubliés ou presque Marrakech et La Mamounia. Cap sur Taroudant et son bijou d'hôtel, La Gazelle d'Or.

Le choix n'était pas mauvais. Lorsqu'on séjourne à La Gazelle d'Or, affirme la brochure de l'établissement, « le monde réel est à des milliers de kilomètres ». Ce n'est pas faux. Construite au lendemain de la Seconde Guerre mondiale par un baron belge et son épouse américaine pour accueillir leurs amis de passage, La Gazelle d'Or est restée une oasis de calme et de sophistication à une heure d'Agadir et des flots de touristes. Posé au pied du Haut-Atlas, l'hôtel cinq-étoiles n'en est pas un à proprement parler. Ce qu'il offre, c'est une trentaine de solides villas de pierres apparentes éparpillées dans un immense jardin luxuriant et embaumé, planté de citronniers, d'oliviers, de bougainvillées. Une armée de jardiniers est là pour l'entretenir. Au-delà, comme une seconde ceinture de protection, s'étend une plantation d'orangers de plusieurs centaines d'hectares.

Aucune villa ne ressemble à une autre, même si les zelliges, ces minuscules carreaux de céramique multicolores taillés par de petites mains, les lampes ouvragées, les bassins où flottent des pétales de roses participent d'un même luxe. La décoration intérieure, mélange d'art traditionnel marocain et d'audaces contemporaines, témoigne d'un goût sûr. Tout est dans la discrétion. Peu de tapis sur le sol mais des plus riches. Peu de meubles mais des plus ouvragés.

À La Gazelle d'Or, les petits déjeuners se prennent en général dans l'intimité des villas, sur la terrasse privative d'où l'on embrasse les étendues de gazon. Ils sont copieux mais un mot de vous et le serveur rapportera d'une cuisine lointaine le supplément de beurre commandé à l'instant. Pour les soirées, des tables recouvertes de tissus damassés attendent au bord de la piscine. Rien de contraint. On peut lui préférer la salle de restaurant de l'hôtel et ses serveurs en tunique blanche. De style berbère, elle est un peu formelle mais plus chaleureuse. Dans tous les cas, la cuisine ne décevra pas. Les produits viennent de la ferme attachée à l'établissement. Et des chefs de talent sont aux fourneaux.

Que fait le président de ses journées à La Gazelle d'Or ? Il n'a que l'embarras du choix. Outre la piscine et ses vingt-quatre mètres de longueur – chauffée l'hiver –, l'hôtel propose à sa poignée de clients des courts de tennis en terre battue, un practice de golf, un terrain de criquet, un hammam, un centre de soins pour le corps… Et des visites alentour pour ceux qui souhaitent renouer brièvement avec le monde extérieur.

Jacques Chirac ignore toute cette panoplie de loisirs. Posé à La Gazelle d'Or, il ne fait rien. Ou pas grand-chose. Quelques balades avec son chien Sumo parmi les plantations d'oliviers et d'orangers lorsque le soleil l'autorise, des séances de massage, des cures de bronzage qui ont vocation à se transformer en sieste, allongé sur un transat à deux pas de la piscine ou sur la terrasse de la villa ; le soir, de solides repas à base de pastillas aux amandes et pigeons. Et c'est tout. « Ce que Chirac apprécie à Taroudant, c'est d'être peinard. Les clients de l'hôtel sont rares et discrets. Il sait qu'il n'y a pas de Français à l'horizon », résume l'un de ses conseillers à l'Élysée.

Heureusement, il y a les impondérables, les petits accidents domestiques qui viennent pimenter le quotidien. Pour les fêtes de fin d'année de 2003, les clients de La Gazelle d'Or s'en souviennent encore, Chirac le maladroit n'avait rien trouvé de mieux que de renverser sur la robe de cuir de son épouse la pièce montée – elle faisait un mètre de haut –, où trônaient feuilles de banane et bougies. « Le bananier est tombé sur Madame », s'exclama affolé l'un des gardes du corps. « Avec quelqu'un de grand et nerveux comme lui, forcément, ça allait tomber [1] », commentait quelques instants plus tard une Bernadette Chirac hors d'elle.

Le président ne lit guère en vacances. Il téléphone.

1. *Le Canard enchaîné*, 8 janvier 2003.

C'est son remède pour tromper le désœuvrement. « Il ne fait que ça, téléphoner. C'est presque maladif », raconte Driss Basri, qui se vante d'avoir fait découvrir La Gazelle d'Or au président. L'unique exception à ce farniente assumé remonte à 1994 lorsque Chirac, candidat à la succession de François Mitterrand, doit au préalable éliminer de la course à l'Élysée son « ami de trente ans », Edouard Balladur, installé à Matignon. Un petit livre en forme de programme électoral sortira de la brouille, *La France pour tous*, qui fut en partie rédigé à l'ombre des orangers de Taroudant. Basri assure qu'il en fut l'un des premiers lecteurs.

Le luxe a un prix. Les tarifs officiels de La Gazelle d'Or s'échelonnent, selon la saison, entre 500 euros et 4 000 euros par nuit et par personne, bien au-delà de ce que peut s'offrir le touriste ordinaire.

La famille Chirac a-t-elle jamais payé la moindre addition au moment de quitter La Gazelle d'Or ? Rien n'est moins certain. Non pas tant parce que la propriétaire des lieux, Rita Bennis, veuve d'un célèbre marchand d'armes d'origine saoudienne, a depuis longtemps ses entrées à l'Élysée. En fait, si Jacques et Bernadette Chirac n'ont probablement jamais mis la main au portefeuille, c'est parce que le secrétariat particulier du roi le faisait à leur place. « Avant de venir au Maroc, Chirac m'avisait toujours. Il me disait : "N'exagérez pas l'accueil", raconte Driss Basri. Immédiatement, on prenait les mesures nécessaires. Hassan II envoyait à La Gazelle d'Or l'un de ses maîtres d'hôtel ou un cuisinier du palais royal. Et il faisait prévenir que Chirac était son invité. Le souverain avait aussi des attentions particulières pour l'épouse du président. Eau de toilette, bouquets de fleurs, sucreries... Elle ne manquait de rien. C'est dans les mœurs du Maroc[1]. »

1. Entretien avec l'auteur, février et mai 2004.

Ces dernières années, Chirac a rarement passé ses vacances de fin d'année ailleurs qu'à Taroudant[1]. La région lui plaît tellement qu'il a songé à acquérir un terrain à bâtir vers la fin des années quatre-vingt. Au détour d'une conversation, il s'en est ouvert au roi Hassan II, qui donnera des consignes à son entourage pour que l'on déniche quelque chose à offrir à son « ami » Jacques. L'affaire en restera là. Installé à l'Élysée, le président n'a plus jamais évoqué le sujet. Pourquoi s'encombrer d'un pied-à-terre lorsque des amis ne demandent qu'à vous accueillir dans des conditions de rêve ?

La même fringale de Maroc qui pousse le président à s'échapper dès que l'occasion se présente tenaille la famille royale mais en direction de la France. Quand l'un rêve farniente, chaleur et tajine d'agneau, l'autre pense boutiques de luxe, night-clubs et sports d'hiver. Paris avec ses grands hôtels proches des Champs-Élysées et de l'Élysée est leur quartier général, la Côte d'Azur un lieu d'escapade, et Courchevel la station de ski de la famille. Même l'épouse de Mohammed VI, Lalla Selma, qui a pourtant grandi loin du palais royal, s'est attachée à la France, à sa capitale et à ses beaux quartiers.

Non qu'ils ignorent les autres destinations. Les États-Unis, berceau d'une culture qui s'impose au reste du monde, fascinent Mohammed VI et son frère Moulay Rachid qui y séjourne parfois. L'Australie semble avoir séduit l'épouse du roi. La princesse Lalla Hasna est connue pour apprécier l'Italie. Une autre de ses sœurs fréquente Londres. Mais ce ne sont que des escapades secondaires. La France reste le port

1. Ce fut encore le cas pour les vacances de Noël 2005.

d'attache de la dynastie des Alaouites, leur escale obligée, leur refuge si la fortune devait s'éloigner d'eux.

C'est d'ailleurs une étrange attirance que celle qui amène le roi et sa famille à privilégier la France. Elle a probablement à voir avec le collège royal, une institution sans équivalent dans le monde, au service des enfants de la dynastie alaouite, que les dirigeants français ont toujours pris soin de choyer à leur façon.

Le grand-père du roi actuel, Mohammed V, fut à l'origine en 1940 de ce qui s'appelait alors le collège impérial. Dirigé par un ministre, Mohamed Aouad, secondé par un ancien instituteur français aux cheveux blancs, pédagogue de talent, Raymond Deville, l'établissement n'a guère changé dans ses principes depuis que Moulay Hassan, le futur Hassan II, y a usé ses fonds de culotte. Le collège a partiellement déménagé sans quitter les parages du palais royal de Rabat. Son corps enseignant a été renouvelé au fil des années. Mais l'esprit demeure tout comme la culture française dans laquelle il baigne. Le meilleur étalon pour en mesurer l'importance est d'observer le corps enseignant. Du temps de Hassan II, il se partageait exclusivement entre Marocains et Français. Un demi-siècle plus tard, c'est toujours vrai. Les cours de français comme ceux d'espagnol, l'apprentissage de la musique, par exemple, restent assurés par des enseignants mis à la disposition du palais royal par l'Éducation nationale – et en partie payés par elle.

C'est là, dans ce lieu anachronique, que Mohammed VI, son frère et ses trois sœurs ont étudié jusqu'au baccalauréat. Le système mis en place pour en faire des têtes bien faites autant que bien pleines reposait sur une idée maîtresse : créer autour de chaque enfant de la famille royale, pour l'accompagner tout au long de ses études, une sorte de petite classe avec des enfants du même âge – et du même sexe.

Le recrutement de ces « collégiens rapportés », condamnés à évoluer au même rythme que le prince ou la princesse, n'était pas un problème. Quel ministre, quel ambassadeur, quel responsable politique ne rêvait de se voir proposer pour l'un de ses garçons, l'une de ses filles, une place au collège royal ? Que l'offre fût faite, et c'était pour les parents l'assurance d'une considération sociale accrue ; et pour l'heureux élu, à condition d'être habile, l'opportunité de se préparer des lendemains qui chantent. À cette bourse à l'hypocrisie les candidats étaient nombreux, et les heureux élus une poignée.

Car une seconde filière existait, destinée celle-là à permettre à quelques jeunes sujets de Sa Majesté, issus des classes populaires mais doués pour les études, de rejoindre le collège royal pour peu que leur dossier, transmis par l'administration, ait été retenu en haut lieu.

Le collège royal comme ascenseur social ? La recette n'était pas mauvaise si l'on en juge par les résultats : dès qu'il a succédé à son père, Mohammed VI a su puiser dans le vivier de ses anciens compagnons du collège royal – singulièrement dans la filière externe – pour se doter d'un embryon d'équipe, un peu trop hâtivement surnommée à l'époque la « génération Internet ».

Même avec ses enseignants français, le collège royal a toujours respiré la caserne militaire avec, chaque matin, la levée du drapeau national, des repas servis par de jeunes militaires des trois armes, un emploi du temps aussi rigide qu'un règlement de tir. Même les soirées « libres » ne le sont pas vraiment : un surveillant est là, omniprésent et inquisiteur, prêt à rendre compte du moindre dérapage. Les sorties à l'extérieur ? Elles sont rares et d'un intérêt inégal. Le vendredi midi, impossible d'échapper à la prière à la mosquée. Elle a beau n'être distante que de quelques centaines de mètres du collège, les collégiens, tous vêtus d'une djellaba blanche, sont contraints de s'y rendre en bus. À chacun son rang : les deux fils de Hassan II étaient toujours assis côte à côte. Le mercredi, une fois par mois, une rencontre sportive oppose les enfants du collège royal aux élèves d'un autre établissement. C'est l'occasion d'un défoulement général mais la fréquence des matchs est jugée insuffisante. Il reste enfin les week-ends en famille, du samedi midi au dimanche en fin de journée, trop brefs pour oublier le collège royal, trop longs pour ne pas rêver à l'autre monde.

Dans ce paysage en demi-teintes soigneusement balisé, quelques surprises viennent égayer le quotidien. Ce sont les sorties imprévues au cinéma ou au théâtre Mohammed V de Rabat, où se produisent parfois des artistes venus de France. Pouvoir bousculer l'emploi du temps est le privilège du directeur du collège royal et de lui seul. Personne ne peut s'affranchir de ses décisions [1].

Le temps semble n'avoir pas de prise sur le collège royal. Hassan II est passé par son moule. Ce furent ensuite ses enfants. Une nouvelle génération, la troisième, le fréquente aujourd'hui, que renforcera bientôt le prince héritier Moulay Hassan. « Il sera élevé comme moi », a décrété Mohammed VI. « C'est mon souhait. Je voudrais, en effet, qu'il reçoive une éducation qui ressemble à la nôtre. Mes sœurs, mon frère et moi avons été élevés plutôt sévèrement. [...] Je tiens à ce que mon fils reçoive les mêmes bases [2]. »

---

1. Pour une description plus détaillée du collège royal lorsque le futur Mohammed VI y était élève, on pourra se reporter à mon livre *Le Dernier Roi. Crépuscule d'une dynastie*, Grasset, 2001.

2. *Paris Match*, 13 mai 2004.

3.

Jours tranquilles à Marrakech

S'il revenait, le grand amoureux du Maroc qu'était le futur maréchal Lyautey piquerait une colère. Il appréciait Marrakech et lorsqu'il dirigeait le protectorat, il avait pris soin de sauvegarder l'ancienne ville, la médina, et son architecture de ville de rencontres. On raconte même qu'en découvrant l'Hôtel de France, seul édifice de la place Djemaa el-Fna construit en béton, il en avait jeté son képi de rage [1]. Son souci de sauvegarde n'était pas que théorique. Pour protéger la médina de la destruction qu'il redoutait, l'officier avait ordonné que la construction du nouveau quartier occidental se fasse à distance respectable.

Marrakech symbolise la proximité entre la France et le Maroc, qui dépasse les connivences entre chefs d'État. Aujourd'hui, longtemps après la décolonisation, la médina est toujours là avec ses ruelles aux allures de labyrinthe, ses maisons traditionnelles ouvertes sur le ciel davantage que sur la rue, ses échoppes encombrées de tout et de rien. Pour l'essentiel, le quartier européen, le Guéliz, construit dans les années vingt aussi, a survécu au temps. Ce qui a changé, c'est

1. *L'Express*, 27 juillet 2001.

que Marrakech est devenue une ville à la mode, à la façon de Venise. Les hôtels de toutes catégories y pullulent tout comme les practices de golf. Les résidences nouvelles y poussent comme verdure dans le désert après la pluie. Tout au long de l'année la ville rouge est submergée de millions de touristes, qu'ils débarquent par charter ou par avion privé. Aucune autre ville du royaume ne fait autant recette ; aucune n'est aussi recherchée ni aussi chère.

Que viennent-ils chercher là ? L'exotisme bon marché à deux ou trois heures de la vieille Europe. Des palais chargés d'histoire et des boîtes de nuit extravagantes, des cafés traditionnels et des restaurants aux mets inconnus, des tanneurs à l'ancienne et des artistes d'avant-garde. Un climat qui encourage l'oisiveté et la vie de noctambule. Des températures agréables. La plage à deux heures de voiture et la montagne encore plus près. Voilà Marrakech.

Les Français y sont sensibles, qui forment le gros des bataillons de touristes, loin devant les Espagnols, les Britanniques et les Allemands, tant et si bien que près d'une demi-douzaine de villes de province ont ouvert une liaison aérienne régulière et directe avec Marrakech. Ce n'est sans doute pas terminé. L'ouverture à la concurrence du trafic aérien entre la France et le Maroc depuis le début de l'année laisse présager des flots supplémentaires de touristes. C'est tellement vrai qu'il est question de déménager l'aéroport de Marrakech, en passe de devenir insuffisant pour accueillir la clientèle étrangère.

À côté de ceux qui ne font qu'y passer, il y a la tribu des Français, ceux qui y résident toute l'année et ceux pour qui la ville est un refuge saisonnier. Ceux-ci passent souvent l'été dans un riad de la médina ou une villa cossue de la palmeraie ; ceux-là habitent des appartements modernes comme il en pousse tant à la périphérie.

Combien sont-ils, ces Français de Marrakech ? Officiellement près de trois mille cinq cents mais probablement le double car tous, loin s'en faut, ne sont pas recensés au consulat de France. Et leur nombre continue à augmenter. Anciens d'une Côte-d'Ivoire où il ne fait plus bon de se dire français, juifs nostalgiques d'un Maroc entr'aperçu dans leur enfance, malfrats en délicatesse avec la justice de leur pays (on les surnomme les « émigrés judiciaires ») ou simples particuliers, ils arrivent à jet continu au rythme de trois cents par an contre une quarantaine à peine à la fin des années quatre-vingt-dix. Huit ans après une fameuse émission de M6 où l'on vit le maire de Marrakech vendre avec brio sa ville aux téléspectateurs, l'engouement continue. Ce n'est pas une fièvre passagère mais de la folie.

Qui veut prendre la mesure de l'attrait suscité par Marrakech, et plus généralement par le Maroc, n'a qu'à franchir l'entrée du Salon de l'immobilier marocain qui se tient chaque année à Paris. À côté des immigrés proches de la retraite et soucieux de préparer leur retour au pays, on y rencontre de plus en plus de Français tentés par l'aventure de l'expatriation. Hésiteraient-ils que les prix des programmes immobiliers ont de quoi vaincre leur résistance. À 25 000 euros le deux-pièces dans une résidence flambant neuve, l'affaire est tentante. C'est le quart du prix d'un studio parisien.

Les riches ont aussi leurs programmes immobiliers. Il y a quelques mois, *Le Point* a raconté comment deux cent cinquante VIP furent invités dans l'un des restaurants les plus huppés de l'avenue Montaigne à Paris pour découvrir l'intérêt d'investir dans un programme haut de gamme, Les Parcs d'Agdal, implanté dans un jardin andalou de 14 hectares à quelques minutes du centre de Marrakech[1]. Ce n'était d'ailleurs pas la première rencontre. Quelque temps auparavant, une autre présentation avait eu lieu à Marrakech. À pied d'œuvre en quelque sorte. Le projet porte sur dix-sept villas, à la superficie comprise entre 400 et 600 mètres carrés, et cent quarante appartements, de 100 à 400 mètres carrés. Prix moyen pour ce « nouveau havre de paix, au style oriental mais épuré », comme dit la brochure : 1 500 euros le mètre carré. Et l'hebdomadaire de préciser qu'un appartement sur cinq fut vendu dans la foulée. Moyennant 12 000 à 40 000 euros supplémentaires, il était d'ailleurs possible de profiter des talents de décorateur de Simon-Xavier Guerrand-Hermès, actionnaire du groupe Hermès par la naissance, promoteur immobilier par amour du royaume (où il réside depuis une quinzaine d'années) et décorateur par plaisir.

Mais le nec plus ultra reste de posséder un riad dans la ville ancienne ou une villa dans la palmeraie qui jouxte l'agglomération à une dizaine de kilomètres. Privilège de riches, bien entendu. Longtemps cédés pour une bouchée de pain par des propriétaires hostiles à l'idée d'habiter des maisons sans âge dans des quartiers mal famés, les riads sont aujourd'hui l'ornement de Marrakech, sa carte de visite à l'étranger. Depuis 2000, cinq cents d'entre eux environ ont changé de mains. Ces maisons traditionnelles de style arabo-andalou coûtent une fortune et les tarifs conti-

1. *Le Point*, 9 juin 2005.

nuent à grimper. « Un beau riad rénové avec goût peut monter jusqu'à 1,5 million d'euros », assure Florence, une Française installée à Marrakech et spécialisée dans l'immobilier haut de gamme. La construction d'une villa n'est pas moins onéreuse car la législation impose l'acquisition d'un hectare au minimum pour éviter le mitage de la palmeraie. Mise de départ : entre 400 000 et 500 000 euros.

Portés par l'engouement des étrangers, les prix flambent. « C'est la folie des grandeurs », résume la jeune Française. Et de raconter qu'elle a cédé au double de son prix d'achat un terrain acheté par elle trois ans plus tôt ; et que ce même terrain a ensuite été revendu un tiers plus cher. Certes, les Français ne sont pas les uniques responsables de l'inflation. Les familles princières du Proche-Orient, une poignée d'Européens, les nouvelles fortunes de l'ancien bloc soviétique les ont rejoints mais sans les détrôner jusqu'à présent.

L'ancien patron de Vivendi, Jean-René Fourtou, soixante-six ans, appartient à la tribu des habitants de la palmeraie. Il y possède une maison dont la valeur a plus que triplé depuis sa construction il y a six ans. Sa semi-retraite de Vivendi autorise Fourtou à y venir par intermittence, le temps d'un week-end ou plus longuement, de préférence lorsque la froidure enveloppe le Vieux Continent. L'endroit est enchanteur et, pour peu que l'on ait un compte en banque bien épais, il est possible de jouer les maîtres de maison en l'absence du propriétaire. Fourtou loue en effet sa villa : 2 000 euros la nuit pour la totalité des neuf chambres (avec salles de bains) et les douze domestiques, ou 300 euros la chambre [1].

1. *Capital*, février 2005.

L'ex-patron de Vivendi n'est pas la seule fortune française à louer son pied-à-terre de Marrakech. Bernard-Henri Lévy fait de même depuis qu'il a racheté et annexé les habitations qui jouxtaient son riad à deux pas du palais royal. C'est l'un des plus somptueux, des plus anonymes et des mieux protégés de la ville. Ce qui fait sa valeur ? Ses couloirs, ses terrasses ornés de marbre et de zelliges de toutes les couleurs ? La décoration de Bill Willis – l'homme qui a remis au goût du jour la technique de la peinture cirée, le tadelakt – pour le compte de Paul Getty Junior ? Le petit bijou de maisonnette – improprement baptisée le harem – posé à l'intérieur du patio ? Le service assuré par quatorze personnes en keffieh blanc ? L'exubérance du jardin intérieur où parmi d'autres essences se mêlent les palmiers, les bougainvillées, les figuiers ? Le chant des oiseaux ? Un peu tout cela sans doute.

En fait, Fourtou, le brasseur d'affaires, et BHL, l'intellectuel fortuné, ne font que suivre l'exemple d'une majorité de propriétaires de riads convertis à la religion du tourisme. C'est une religion qui peut faire la fortune de son clergé. Moyennant quelques bougies multicolores éclairant une terrasse, des pétales de roses jetés dans une fontaine de marbre, et un tajine ou une pastilla servi dans le jardin-patio, les riads se transforment en maisons d'hôtes de luxe. Le mirage est tel que les locataires peuvent se sentir une âme de Pierre Loti. Pour le propriétaire, la poule aux œufs d'or n'est pas loin au vu des tarifs proposés sur Internet : « Ça peut aller jusqu'à 350 euros la nuit. À ce prix-là, une chambre à La Mamounia est meilleur marché », affirme un professionnel.

« Les propriétaires gagnent beaucoup d'argent. Ils en donnent peu au personnel », dit Aziz, sanglé dans une sorte d'uniforme noir peu adapté à la chaleur de Marrakech. Âgé d'une vingtaine d'années, Aziz parle d'or[1]. Employé dans un riad transformé en chambres d'hôtes par un couple de Français[2], il travaille six jours sur sept – le mardi est son jour de repos hebdomadaire – et a droit à un peu plus d'une semaine de congés payés par an. Pour lui, la journée commence à 8 h 30 et s'achève à 19 heures. Garçon à tout faire, il travaille indifféremment à la réception ou aux fourneaux. Un jour Aziz est jardinier et le lendemain il est serveur dans la salle à manger. « Tout ça pour un salaire hebdomadaire de 45 euros », affirme-t-il. Encore bénéficie-t-il d'un contrat de travail de six mois renouvelables.

Les autorités s'inquiètent des abus liés à la vogue des maisons d'hôtes. Il y a les tarifs exorbitants, l'argent de la location versé sur un compte en France, les photos mensongères pour appâter le client sur Internet, les normes de sécurité inexistantes, l'absence de déclaration de revenus et de police d'assurance... Pour tenter de ralentir sinon de mettre fin aux dérives du système, les autorités ont imposé il y a un an à près de deux cents des six cent cinquante riads recensés de mettre la clé sous la porte. Combien se sont pliés à la décision administrative ? La question renvoie à d'autres maux dont souffre la société marocaine...

Un autre facteur rarement étalé sur la place publique explique la ruée de milliers de Français en direc-

---

1. Il s'agit d'un pseudonyme.
2. Dans ce riad, les tarifs varient de 70 euros pour la plus petite chambre à 370 euros pour la suite royale, petit déjeuner compris.

tion du Maroc en général et de Marrakech en particulier. Il fait moins appel à des considérations esthétiques ou climatiques que fiscales. Autant dire qu'une histoire de gros sous peut être derrière l'installation dans le royaume. Le Maroc est en effet un havre de tranquillité pour qui redoute la curiosité de l'administration fiscale en matière d'héritage. Les droits de succession n'y existent pas. D'où l'intérêt d'y acquérir un bien à sa mesure et d'établir à Marrakech ou dans une autre ville du royaume son domicile fiscal.

L'État marocain n'est pas très regardant sur la qualité des nouveaux venus. Il suffit de séjourner la moitié de l'année dans le pays et d'y transférer de l'argent. « Le Maroc a une fiscalité particulièrement douce pour les résidents étrangers. Ceux qui passent au moins cent quatre-vingt-trois jours par an sur son sol et y rapatrient les revenus perçus en France ou plus généralement à l'étranger ne paieront, par le jeu des divers abattements, qu'à peine 4 % de l'impôt sur le revenu [1] », explique un avocat parisien spécialiste du droit marocain, Me Baruc. De grandes familles du monde des affaires ont été les premières à sauter sur l'aubaine. Elles ont fait des émules.

Dans leurs bagages, les Français amènent une part de leur façon de vivre. Les grands noms de la gastronomie, les boulangers célèbres, les traiteurs haut de gamme, les cavistes de renom... Sans doute faudrait-il ajouter à la liste le Festival international du film de Marrakech, devenu au fil de ses éditions (la cinquième a eu lieu à l'automne 2005) un festival sous influence française alors qu'il ambitionnait de rivaliser avec les plus grands. Non pas tant parce qu'il a été créé par

1. *Le Monde*, 22-23 mai 2005.

un Français, Daniel Toscan du Plantier[1], ou que le service d'ordre est français, mais à cause de la brochette de vedettes invitées au palais des congrès : Catherine Deneuve, Sandrine Bonnaire, Michel Blanc, Régine... « Ce ne sont pas ces célébrités françaises qui déplaceront les foules », persiflait un hebdomadaire marocain dans son compte rendu de la cinquième édition. Et d'ajouter : les journalistes « se demandaient s'ils étaient bien dans un prestigieux festival international de cinéma ou plus probablement dans une quelconque kermesse culturelle à Ploucville, dans l'Ardèche[2] ». Le fait est que sur les cent vingt-quatre films projetés au cours des neuf jours du festival, un seul représentait le Maroc[3] !

Jusqu'à présent, miser sur le tourisme, et en particulier sur les visiteurs français, a réussi à Marrakech. Dépourvue d'industrie, la ville y a puisé une vitalité, une source de croissance, et des emplois par dizaines de milliers. La médina – où aucun responsable municipal n'habite – a été sauvegardée, embellie ; son image est meilleure que par le passé et, malgré les bouleversements, elle demeure le centre de la ville – ce qui n'est plus vrai de Casablanca et de Rabat.

Mais la métamorphose de Marrakech, son changement de statut, les excès qui l'accompagnent effraient, y compris nombre des anciens avocats de la ville

---

1. Le créateur du festival disparu, il est aujourd'hui entre les mains de sa veuve, Melita Toscan du Plantier.
2. *Le Journal hebdomadaire*, du 19 au 25 novembre 2005.
3. Il s'agissait de *El Ayel*, de Moumen Smihi. Il représentait le Maroc à la compétition officielle.

rouge. L'actrice Isabelle Adjani en était. Elle ne l'est plus. « J'adore le Maroc mais je ne parviens plus à y passer des vacances. J'abhorre le néocolonialisme de la société française [...]. Un jour ça va exploser ! Les misérables ne supporteront plus de servir du couscous à des nantis pleins de compassion et de mépris », a-t-elle confié à l'hebdomadaire *Elle.* Plus sérieusement, le professeur Mohammed El Faïz, un universitaire qui enseigne à Marrakech l'histoire des jardins, parle du « cycle d'autodestruction » où serait plongée Marrakech. Et de s'emporter contre l'état de la palmeraie et le mauvais sort fait aux jardins de la Menara où, accuse-t-il, « des dizaines d'oliviers vieux de cinq ou six siècles » ont été abattus pour construire une esplanade de goudron. « Aujourd'hui, il n'y a plus que les bâtiments religieux qui résistent, peste le lettré. Demain, si un entrepreneur fortuné décide de transformer [la mosquée de] la Koutoubia en chambres d'hôtes, je ne suis pas sûr qu'on lui dise non [1]. »

À ces griefs s'ajoutent les ressentiments qui renvoient à des cultures différentes. Dans la médina, certains habitants apprécient peu de voir les Français ou d'autres Européens transformer en solariums les terrasses des maisons, naguère dévolues aux conversations entre femmes et au séchage du linge.

Une partie de l'opinion publique s'indigne aussi de voir les boîtes de nuit – Le Diamant noir, Le Pacha, Le Théâtre, La Bodega, Paradise... – se multiplier et devenir pour beaucoup des lieux de prostitution. Des adolescentes descendues du nord du royaume y échouent en quête d'argent facile. À leurs parents, elles jurent travailler dans l'hôtellerie locale... La situa-

1. *Le Monde,* 29 janvier 2005.

tion a été jugée suffisamment alarmante par le nouveau préfet pour qu'il ordonne à l'été 2005 la fermeture de plusieurs établissements. Et s'il n'y avait que cela : une affaire de pédophilie avec mort d'homme a défrayé la chronique locale à la même époque. À l'origine, la découverte par la police de milliers de photos d'enfants dans des positions suggestives sur l'ordinateur d'un Français installé à Marrakech depuis des années comme agent immobilier. L'enquête de police devait montrer que le Français, aidé d'un jeune Marocain, recrutait ses futures victimes dans un quartier populaire de l'ancienne médina. Les peines prononcées par la justice locale furent douces.

« N'en déplaise aux autorités de la ville [...] Marrakech est également une destination prisée par les touristes sexuels qui viennent y donner libre cours à leurs fantasmes [...]. C'est à se demander si, à côté du soleil et du beau temps, le sexe n'est pas en train de s'imposer parmi le riche argumentaire touristique de la ville ocre [1] », constate le quotidien *Aujourd'hui le Maroc*, en général peu porté sur la critique du régime.

La ville n'est pas à l'abri d'une poussée de xénophobie. « Il y en a qui parlent de colonisation. Ils n'aiment pas qu'on travaille avec les Français. Ceux-là nous toisent, dit Aziz, employé dans un riad. Quand on les salue ils ne nous répondent pas. » S'agit-il d'un épiphénomène ? Les quelques sociologues qui ont mené des enquêtes sur le sujet assurent que oui. Il faut le souhaiter. Marrakech n'est pas une ville imprégnée par l'islamisme à la différence de Tanger, Fès, Meknès ou encore Casablanca. Pourtant, que l'on interroge quelques Français installés dans la ville et immanqua-

1. *Aujourd'hui le Maroc*, 9 juillet 2005.

blement ils évoquent leur hantise de voir les « barbus » tenir le haut du pavé ici comme ailleurs. Une jeune femme le dit sans détour : « On ne pense qu'à ça. »

Comme si Marrakech la rouge pouvait un jour virer au vert.

4.

Chirac El Alaoui

On peine à imaginer qu'il fut un temps où Jacques Chirac se désintéressait du royaume et de la famille royale : il ne savait pas situer avec précision Marrakech ou Taroudant sur une carte et n'avait pas la moindre idée des intérêts économiques français dans l'ancien protectorat. L'époque a changé.

Deux hommes, deux Français nés au Maroc, sont à l'origine de ce que l'on pourrait appeler sa conversion : Michel Roussin et Camille Cabana.

Chirac a rencontré le premier à Matignon lorsqu'il y débarque en 1974 comme Premier ministre de Valéry Giscard d'Estaing. Le gendarme Roussin a trente-cinq ans et il est le commandant militaire de l'Hôtel Matignon. Il piétine. Chirac va faire sa fortune. Il le fait nommer sous-préfet en 1976, le place parmi les proches collaborateurs du chef des services de renseignement, le colonel Alexandre de Marenches, avant de le récupérer à son seul service. Pour le pire (un séjour en prison et des procès retentissants) et le meilleur (un maroquin ministériel), l'ex-gendarme devient l'un des principaux collaborateurs du maire de Paris dans sa conquête du pouvoir.

Le parcours de l'autre « Marocain », Camille

Cabana, est aux antipodes. « J'appartiens à l'espèce rarissime des énarques qui ne sont pas bacheliers », aimait-il rappeler peu de temps avant sa disparition. Et c'était vrai. Fils de maraîchers, ce Catalan travailleur et autoritaire avait quitté l'école à quinze ans pour entrer comme auxiliaire des Postes dans un village perdu de l'Atlas marocain du temps du protectorat. Il restera dans le royaume après l'indépendance à des postes à peine plus gratifiants avant de rentrer en France où, par la voie des concours administratifs internes, il gravit les échelons administratifs jusqu'à intégrer l'ENA au début des années soixante.

Est-ce le parcours atypique qui a séduit Chirac ? Le côté gouailleur de Cabana et son accent rocailleux ? Toujours est-il que le Catalan, en poste à la préfecture de Paris, rejoint à la fin des années soixante-dix la galaxie du maire de Paris avec le titre de secrétaire général de l'Hôtel de Ville puis celui de responsable des finances. Il finira patron de l'Institut du monde arabe, à Paris, après un passage au gouvernement.

Voilà donc les deux mentors « marocains » du futur président. Le tandem qui lui a fait découvrir non pas le Maroc, où le maire de Paris tardera à se rendre, mais sa classe dirigeante francophone lorsqu'elle vient sur les bords de Seine, les patrons des services de renseignement, les diplomates en poste dans la capitale et les responsables de la communauté française au Maroc. « Le jeune Chirac, raconte Michel Roussin, s'intéressait aux relations internationales. Il dévorait les télégrammes diplomatiques mais restait franco-français dans sa tête. L'intérêt pour le Maroc lui viendra peu à peu, en partie dicté par le fait que dans ce pays est installée la plus importante communauté de Français à l'étranger. Pour un homme politique qui a des ambitions présidentielles, c'est essentiel. La route de l'Élysée passe par Rabat[1]. »

La greffe a pris au-delà de toutes les espérances. Chirac est devenu un inconditionnel du royaume et de Hassan II. « Le Maroc est devenu son truc[2] » jusqu'à friser l'obsession. Ministre des Affaires étrangères durant la cohabitation, Hubert Védrine se souvient qu'à chacune de ses rencontres avec le président, même si l'ordre du jour concernait la situation dans l'ex-Yougoslavie, « l'Orient compliqué » ou une visite officielle en Amérique latine, invariablement Jacques Chirac entamait la conversation en évoquant le Maroc. « Il en parlait tout le temps », se souvient-il. Et ce n'était pas parce que son interlocuteur était natif du royaume. Non, Chirac a le Maroc chevillé au corps.

L'origine de ce tropisme presque obsessionnel étonne. Quel en est le fondement ? Que dire de son cheminement ? Quels ressorts secrets l'animent ? Le mythe du général de Gaulle n'est sans doute pas loin. Le fondateur de la Ve République avait été l'homme de l'Afrique. Chirac se devait de poursuivre la tâche et de tisser des liens privilégiés avec l'ancien empire. Mais dans quelle direction se tourner ? L'Indochine était lointaine, la Tunisie trop étriquée. L'Algérie avait laissé un mauvais souvenir au sous-lieutenant Chirac qui, revenu en 1960 comme fonctionnaire fraîchement émoulu de l'ENA, avait manqué basculer du mauvais côté lors de la semaine des barricades à Alger. Restait, à la charnière de l'Afrique et du Vieux Continent, le Maroc si séduisant et francophone.

L'explication, avancée par des intimes du chef de

1. Entretien avec l'auteur, avril 2005.
2. Entretien avec Hubert Védrine, janvier 2004.

l'État, vaut ce qu'elle vaut. Encore faut-il la compléter et rappeler qu'il y eut échange : Chirac investissait sur le Maroc autant que Hassan II misait sur Chirac. Le roi défunt fonctionnait ainsi. Il n'avait pas son pareil pour repérer au sein de l'élite française les hommes politiques d'avenir, de droite comme de gauche, les séduire, se les attacher et en faire les alliés de la monarchie alaouite. « Hassan II admirait la ténacité, la capacité de Jacques Chirac à rebondir malgré les échecs, son côté bête politique. Le roi l'a toujours soutenu, y compris pendant sa traversée du désert[1] », rappelle Driss Basri.

La première rencontre entre Hassan II et le futur président de la République française remonte à la fin des années soixante-dix. En France, Chirac est en embuscade. Il attend son heure. Il n'est à l'époque « que » le maire de Paris et le président du RPR, le Rassemblement pour la République, sa machine de guerre contre Giscard. Le Maroc de Hassan II, lui, n'a pas bonne presse. À l'intérieur du royaume, deux tentatives de coup d'État ont eu lieu au début de la décennie, auxquelles le roi a échappé par miracle. Les Marocains craignent leur souverain et sa poigne de fer. À l'étranger, l'opinion publique le voue aux gémonies. L'annexion par Rabat du Sahara occidental, ancienne colonie espagnole, n'est pas faite pour améliorer le climat.

Dans leur campagne pour redorer le blason du royaume, les Marocains veulent accueillir chez eux le congrès de la Fédération mondiale des cités unies, une organisation où se retrouvent depuis la fin de la guerre des centaines de villes de par le monde. L'ap-

1. Entretien avec l'auteur, février 2004.

pui de Jacques Chirac, président de la toute récente Association internationale des maires francophones créée par lui, est indispensable. Il faut donc se l'attacher, le séduire, s'en faire un allié. Driss Basri, qui a rencontré Chirac lorsqu'il était ministre de l'Intérieur de Georges Pompidou, est à la manœuvre. Une réunion d'élus francophones et marocains à Fès fournit le prétexte pour l'approcher.

Fès n'a pas l'insouciance de Marrakech. Elle n'est pas enfiévrée comme Casablanca. Malgré son déclin, elle affiche la distinction un peu hautaine des cités qui peuvent étaler des siècles d'histoire. Le maire de Paris y fut-il sensible ? Ceux qui, côté marocain, eurent la charge de le chaperonner se souviennent plutôt d'un Chirac alerte et enjôleur, sensible à l'accueil empressé des Marocains. Logé au palais Jamaï, un palace parmi les plus prestigieux que compte le royaume, le maire de Paris se laissait entraîner. Sans vraiment le réaliser, il était en train de rejoindre la cohorte des amis du Maroc.

Il ne lui restait plus qu'à rencontrer le Commandeur des croyants, privilège réservé à une poignée de visiteurs. Grâce au « grand vizir », Jacques Chirac fut de ceux-là. Mieux, il allait avoir droit à prendre le thé en compagnie du roi Hassan II au palais royal de Fès. Certes, M. le maire serait reçu en compagnie d'autres élus pour ne pas froisser le président français de l'époque, Valéry Giscard d'Estaing, mais cette première rencontre en augurait d'autres.

L'audience eut lieu en fin de journée. « Majesté, je vous présente le maire de Paris », dit sobrement Basri en s'inclinant presque jusqu'à terre devant son souverain. Et Chirac de faire de même devant celui qui au fil des années allait lui ouvrir les portes de ses palais comme à nul autre dirigeant politique occidental, le convier à des réceptions familiales, l'introduire auprès des monarchies du Golfe, le guider dans l'entrelacs familial des dynasties, l'initier aux affaires de ce monde arabo-musulman que ne fragilisait pas encore l'islamisme politique. Chirac venait de trouver un parrain, un conseiller et un sésame ès monde arabe.

Le futur président de la République avait tout à gagner à cultiver une telle proximité. « Aux yeux des émirs du Golfe, le simple fait d'être proche d'un chef d'État arabe incontournable comme le roi Hassan II signifiait que vous étiez quelqu'un à ménager, à aider le cas échéant », lâche un diplomate marocain.

L'odeur de l'argent n'est pas loin dans ces cas-là. Une rumeur tenace veut que le souverain marocain ait été l'un des plus généreux donateurs de Jacques Chirac (avec le président gabonais Omar Bongo), que des valises bourrées de billets de banque aient fait le trajet Rabat-Paris lorsque approchait une échéance électorale capitale pour « le grand Jacques ». Beaucoup de bruit mais pas le moindre indice ; des soupçons mais rien d'avéré. Familier des arcanes du palais, chargé à l'occasion par Hassan II de missions privées à l'étranger, un jeune intrigant, Hicham Mandari, jurait qu'il avait servi de passeur entre les deux capitales. Il n'en a cependant jamais apporté de preuve. Un autre fin connaisseur de la vie derrière les murs du palais royal, un Français, Raymond Sasia, est convaincu que Driss Basri, suivant les instructions de Hassan II, a été le « porteur de valises » du roi et qu'il a alimenté Jacques Chirac. « Le roi lui disait de donner une certaine somme et Basri, de lui-même, donnait deux ou trois fois plus[1] », raconte ce septuagénaire encore alerte. Mais aucune confirmation n'en a été faite, et Basri, réfugié en France, dément avoir trempé dans la moindre affaire de financement concernant son ami Chirac.

« Dans ce genre de transactions, tout est fait pour qu'il n'y ait pas de trace », confie de son côté, sous couvert d'anonymat, un ancien collaborateur de Hassan II, trop proche pour n'avoir pas été témoin des « coups de pouce » du palais, trop fidèle à la monarchie pour trahir la mémoire du souverain. « Quelqu'un téléphone de Paris et prévient qu'un ami commun va venir nous rendre visite au Maroc. On sait ce que ça veut dire. L'intermédiaire arrive. On lui envoie un de nos hommes avec ce que l'autre est venu chercher. En quelques heures tout est réglé. Pas besoin de papiers, de signature ou de récépissé. Chacun connaît son rôle et s'y tient. »

Un homme, un seul, eût été à même d'éclaircir le mystère : Abdelfetah Frej. Installé en Allemagne à l'abri du besoin après avoir été longtemps le chef du secrétariat particulier de Hassan II, l'homme remâchait sa rancune à l'encontre de Mohammed VI qui l'avait congédié dans des conditions humiliantes. Frej, c'était le comptable du roi. Pas l'expert financier, mais le caissier. L'interlocuteur des banques françaises, britanniques, suisses ou espagnoles où Hassan II avait ouvert un compte. Celui qui, chaque année, présentait au monarque un document de quelques dizaines de feuillets : le bilan du patrimoine personnel du roi. Abdelfetah Frej savait tout, mais il ne voulait pas parler. « Pas encore », confiait-il à ses rares visiteurs.

1. Entretien avec l'auteur, avril 2004.

Dommage. Il est décédé en décembre 2005, emportant probablement avec lui les secrets du palais.

Entre Hassan II, le monarque chérifien hautain et calculateur, pro-occidental mais imprégné de culture arabe, et le gaulliste excité qui rêve de conquérir l'Élysée, quel est celui qui a le plus influencé l'autre ? Jacques Chirac a donné la réponse. Invité lors d'un colloque à évoquer la mémoire de son mentor, peu après la disparition du roi, il fait délivrer un message de reconnaissance par son représentant, l'ancien ambassadeur Michel de Bonnecorse : « Je dois [à Hassan II] une sorte d'initiation aux complexités et aux valeurs du monde arabe et musulman. Je lui dois des analyses visionnaires sur les drames mais aussi sur les chances de la paix au Proche-Orient. Je lui dois une plus claire conscience des enjeux internationaux, du rôle de l'Europe en Méditerranée mais aussi de ce que le monde attend de la France. »

En revanche, jamais Hassan II n'a évoqué devant un tiers une quelconque dette à l'égard du président français. Il était exclu que le Commandeur des croyants se place en position de demandeur. Le roi écoutait les avis des uns et des autres, mais sans se lier les mains. Chirac a-t-il conseillé à Hassan II de « dépoussiérer » le système monarchique, de libérer les prisonniers d'opinion, de rendre sa liberté à la famille du général Oufkir, de fermer le mouroir de Tazmamart, d'entrouvrir à la gauche socialiste les portes du pouvoir ? C'est ce qu'une légende savamment entretenue sur les bords de la Seine voudrait faire croire. En réalité, un fossé existait entre eux que des années de fréquentation ne pouvaient combler. Hassan II tutoyait Chirac, alors qu'à l'inverse le président français a toujours servi du « Votre Majesté » au roi du Maroc. Le monarque était un homme ombrageux, imbu de lui-même, et peu partageux de son pouvoir. Malheur à celui qui aurait osé lui dicter sa conduite, fût-il président de la République française. Driss Basri raconte qu'un an environ avant de disparaître, le roi, fort en colère, l'envoya précipitamment à l'Élysée avec pour mission de demander à son ami Chirac de cesser de faire l'éloge du projet d'autonomie du Sahara occidental dont lui, Hassan II, ne voulait pas. « Jacques a compris le message », lâche l'ancien homme fort de la monarchie.

De façon paradoxale, le président semble soutenir le Maroc et son régime monarchique avec une passion décuplée depuis la disparition de Hassan II. Toutes les occasions lui sont bonnes pour prendre parti en faveur de Rabat et défendre la position du palais, même lorsqu'elle est indéfendable. Témoin l'affaire Ali Lmrabet, du nom d'un journaliste marocain, directeur de deux magazines, condamné en 2003 à quatre années de prison pour « outrage à la personne du roi »[1]. Trois choses lui étaient reprochées : un photomontage égratignant le palais royal et des hommes politiques ; un entretien avec un « républicain » marocain partisan affiché du référendum d'autodétermination au Sahara occidental ; enfin, la publication des grandes lignes du budget du palais royal. On mesure l'ampleur du crime... Reporters sans frontières, Amnesty International, la Fédération internationale des ligues des droits de l'homme protestèrent et avec

1. La peine allait être ramenée à trois années de prison par la cour d'appel.

eux les partis de la gauche européenne contre l'atteinte à la liberté de la presse. Le Parlement européen se saisit de l'affaire. Le cousin de Mohammed VI, le « prince rouge », écrivit même une lettre de soutien au prisonnier qui avait entamé une grève de la faim.

Jacques Chirac fut interpellé sur le cas Ali Lmrabet au cours d'une conférence de presse au Maroc. Le dossier de l'accusation était léger et la sentence pour le moins excessive. Le président ne pouvait pas ne pas se sentir concerné, car le journaliste embastillé possédait aussi la nationalité française d'un premier mariage. On attendait donc un mot de Chirac pour dire qu'il ne manquerait pas d'évoquer l'affaire avec le roi Mohammed VI, ou au minimum une parole de compassion de sa part. C'était mal connaître le président. « M. Lmrabet a été condamné par une justice souveraine. Il s'agit d'une affaire purement marocaine et nous n'avons pas à intervenir », lança Jacques Chirac. L'affaire était close[1].

Parfois, l'activisme du président français, son lobbying en faveur du royaume, frise le ridicule. Ainsi, lorsque l'héritier du gaullisme transformé en VRP vante « le Maroc, pays privilégié pour le tourisme ». Et d'ajouter dans la foulée : « [Il] a des qualités tout à fait exceptionnelles, des sites exceptionnels, parmi les plus beaux du monde, un accueil également tout à fait extraordinaire, une gentillesse de la part des populations [...][2]. » Sur un registre voisin, la candidature

---

1. Par la suite, Ali Lmrabet allait bénéficier d'une grâce royale. Depuis sa libération, il lui est interdit d'exercer son métier de journaliste.

2. Propos tenus en octobre 2003 à Tanger lors d'une visite officielle au Maroc.

du Maroc à l'organisation de la coupe du monde de football en 2010 a donné lieu à un autre morceau de bravoure présidentiel : « Je ferai tout ce qui est en mon pouvoir pour que la France aide le Maroc à organiser la prochaine coupe du monde[1]. » Il est vrai que Chirac avait beaucoup à se faire pardonner. En 1998 en effet, la France, candidate pour accueillir la coupe du monde, l'avait emporté alors que le Maroc était sur les rangs. « J'aurais préféré gagner contre un autre pays, rappela Chirac au cours d'une conférence de presse. Je me sens une espèce de dette. » Résultat, le Maroc a été éliminé, les membres du comité organisateur lui ayant préféré l'Afrique du Sud[2].

L'activisme du président est tel que l'opinion publique est convaincue que Chirac est derrière la décision la plus forte symboliquement prise par Mohammed VI depuis qu'il est monté sur le trône en 1999 : la réforme de la loi sur le statut de la femme[3]. Avec ce nouveau texte, l'un des plus progressistes en vigueur dans le monde arabe, le famille est placée « sous la responsabilité conjointe des deux époux » et non plus du seul mari. « L'obéissance de l'épouse à son mari », inscrite dans le code, disparaît au profit d'une égalité des droits et des devoirs. La femme n'a plus besoin de

1. L'engagement public a été pris lors de la visite du président français au Maroc, en octobre 2003. Pour autant, le premier pays européen à soutenir la candidature du Maroc n'a pas été la France mais l'Espagne.

2. Le lobbying de Jacques Chirac pour que Paris organise les jeux Olympiques de 2012 n'a pas été plus efficace.

3. En réalité, c'est le code de la famille qui a été profondément modifié, dont le droit de la femme constitue la pièce maîtresse.

l'autorisation de son père ou de son frère pour se marier. Si elle n'est pas abolie, la polygamie est encadrée de façon tellement stricte qu'elle paraît condamnée à mourir à petit feu. Enfin, la répudiation, jusqu'alors un droit exclusif du mari, est conditionnée à une décision de justice.

Ce ne sont là que les points les plus saillants d'une réforme qui a beaucoup fait, au Maroc et dans les pays occidentaux, pour redorer le blason du roi. L'immobilisme de la monarchie était soudainement démenti. Malgré le poids important des islamistes au Maroc, malgré le conservatisme d'une opinion publique soumise à la tradition, le roi tranchait et le royaume rejoignait les quelques pays progressistes du monde arabo-musulman en matière d'égalité entre l'homme et la femme. Il s'éloignait de l'Algérie et épousait le pas de la Tunisie.

À la surprise de beaucoup, Mohammed VI annonça au Parlement les grandes lignes de la réforme alors que Jacques Chirac effectuait une visite officielle dans le royaume. Les deux hommes se quittèrent quelques heures à peine avant le discours du roi. À peine venaient-ils de se séparer que l'entourage du président français annonçait, l'air entendu, que « Sa Majesté » allait prononcer un discours « historique ». Invité à une discussion avec des étudiants à Tanger, Chirac, de son côté, leur glissait au passage que Mohammed VI se préparait à faire une annonce capitale au Parlement. De là à penser que le président français était dans la confidence... Peut-être même a-t-il été l'inspirateur de la réforme du code de la famille qu'il a tant applaudie par la suite [1]. L'hypothèse n'est pas absurde.

1. C'est « une évolution considérable qui une fois de plus témoigne de la volonté du roi et du peuple marocain d'avancer

Conseiller diplomatique à l'Élysée et surtout ancien ambassadeur à Rabat, Michel de Bonnecorse évoque volontiers les discussions entre le roi et Chirac sur l'ampleur de la réforme du statut de la femme. « Chirac l'a encouragé à aller plus loin [1] », insiste-t-il. Un diplomate espagnol, ancien ambassadeur à Rabat lui aussi, Fernando Arias-Salgado, est tout aussi catégorique : « Les Français ont forcé la main de Mohammed VI sans que je sache quel canal ils ont utilisé. Le discours du roi devant le Parlement était excellent mais sans la France il n'y aurait pas eu de modification du code de la famille [2]. » Une fois de plus, l'alliance entre les deux hommes manifeste sa vigueur. La situation internationale lui donnera l'occasion d'apparaître en pleine lumière.

---

vers la démocratie, les droits humains, l'État de droit et l'égalité entre l'homme et la femme ».

1. Entretien avec l'auteur, 2004.
2. Entretien avec l'auteur, juillet 2005.

5.

Un caillou et un peu de sable

Qui connaissait l'existence de l'îlot Persil avant le 11 juillet 2002 ? Qui savait auparavant qu'à quelques encablures de l'enclave de Ceuta[1], narguant la côte marocaine, un rocher quasi inhabité d'une douzaine d'hectares était revendiqué par l'Espagne ? Et qui pouvait soupçonner que le Maroc et l'Espagne allaient manquer se faire la guerre au sujet de ce confetti espagnol perdu en terre nord-africaine ?

Histoire absurde mais histoire vraie, à laquelle la France s'est, là aussi, trouvée mêlée. Le 11 juillet, venue de Ceuta, une patrouille de la *guardia civil*, l'équivalent de la gendarmerie française, s'approche de l'îlot. Inspection de routine. Sauf que, cette fois, les militaires espagnols découvrent que des marins marocains en armes occupent Persil. Ils ont hissé le drapeau rouge à étoile verte du royaume, planté une tente de campagne, installé un instrument de transmission et ne sont pas d'humeur à plaisanter. Côté marocain, on pointe

1. Ceuta est avec Melilla l'une des deux enclaves espagnoles en Afrique du Nord. Elle est quasiment une zone franche par rapport à l'Espagne et au Portugal.

les fusils. Les gendarmes espagnols voulaient débarquer. En fin de compte, ils préfèrent rebrousser chemin. La crise de l'îlot Persil (baptisé l'îlot Leila Tourah par les Marocains [1]) vient d'éclater.

Cela faisait probablement un ou deux jours que le commando marocain campait sur Persil mais tout le monde ou presque l'ignorait. C'est vrai au Maroc. Ni le patron de l'armée, ni celui de la gendarmerie, ni le ministre des Affaires étrangères, encore moins le chef du gouvernement n'ont été mis dans la confidence [2]. La décision a été prise au palais royal avec forcément le feu vert de Mohammed VI. Les services de renseignement espagnols, de leur côté, n'ont rien vu venir. Et les Français pas davantage, qui pourtant se targuent volontiers auprès de leurs collègues européens de tout savoir de ce qui se passe dans la région.

C'est vrai que l'importance stratégique de l'îlot ne saute pas aux yeux. N'y débarque chaque matin qu'une Marocaine dont le troupeau de chèvres pâture sur Persil. Depuis une quarantaine d'années, plus un seul soldat espagnol n'y est cantonné. Début 1990, le Maroc avait protesté en constatant que l'îlot était inclus dans le périmètre de Ceuta, l'enclave autonome espagnole. Pour calmer le jeu, Madrid avait volontairement oublié l'îlot et, depuis, Persil bénéficiait d'un statut accepté par les deux capitales aux termes duquel tant le gouvernement espagnol que son homologue marocain s'engageaient à ne pas occuper le rocher

1. Leila est le nom arabe de l'îlot, Tourah son nom berbère.

2. Depuis les attentats des années soixante-dix contre Hassan II, la gendarmerie constitue un corps autrement plus puissant que l'armée. Le souverain avait en quelque sorte donné pour mission à la gendarmerie de surveiller l'armée.

avec des forces armées. Les chèvres étaient reines sur le tas de cailloux.

Pourquoi avoir décidé de violer le statu quo avec le risque d'une crise ouverte et d'un dérapage militaire ? Aujourd'hui encore, les hypothèses vont bon train qui cherchent à expliquer la raison du coup de sang marocain. Les autorités du royaume ont justifié leur débarquement sur Persil au nom de la lutte contre la contrebande, le trafic de drogue et l'immigration clandestine. L'explication n'a convaincu personne. Persil n'a jamais servi de plate-forme pour l'immigration ou la contrebande. L'îlot est trop proche de la côte. En revanche, l'une des grottes du *peñon* était bel et bien utilisée par le mari de la chevrière, petit trafiquant à ses heures, pour entreposer du cannabis. Mais la filière était modeste et ne justifiait pas vraiment de risquer un conflit armé avec l'Espagne !

L'intrusion sur l'îlot tient à d'autres raisons. Peut-être était-ce la réponse à une maladresse de Madrid. Quelques jours auparavant, en effet, des navires de guerre espagnols venant de la base française de Toulon et à destination de Cadix avaient manœuvré à proximité d'un second îlot espagnol posé lui aussi à deux pas des côtes marocaines, non loin d'Al-Hoceima. À bord, des élèves officiers inexpérimentés. Résultat, la marine espagnole avait violé l'espace maritime marocain sous les yeux – mais elle l'ignorait – de Mohammed VI en villégiature sur la côte. Le roi a-t-il découvert ce jour-là que l'Espagne pouvait narguer le royaume et faire barboter en toute impunité ses navires à quelques brasses du Maroc [1] ? Ou bien un proche

1. Circonstance aggravante, si l'on peut dire, la veille, un hélicoptère espagnol s'était posé sur l'îlot Persil.

de Mohammed VI a-t-il suggéré au souverain de donner une leçon aux Espagnols et d'aller planter le drapeau marocain sur l'autre îlot, celui de Persil ? Agrandir, même de façon symbolique, le royaume, repousser ses frontières comme le firent en leur temps le grand-père et le père de Mohammed VI : l'idée était séduisante à quelques jours de la célébration en grande pompe à Marrakech du mariage du roi avec la jeune Lalla Selma. Le peuple apprécierait ce cadeau royal, avant-goût de la reconquête des enclaves espagnoles de Ceuta et Melilla.

Sauf que Madrid ne se laisse pas faire. En même temps qu'elle prépare une intervention militaire, l'Espagne fait le tour de ses alliés. Le chef du gouvernement, José Maria Aznar, obient très vite l'appui de la Grande-Bretagne et des pays nordiques. Les États-Unis soutiennent également Madrid, leur allié dans la croisade antiterroriste et la lutte contre le président irakien Saddam Hussein. L'OTAN fait de même.

Il reste l'Union européenne. Aznar a pris la précaution de téléphoner aux quinze chefs d'État et de gouvernement. À chacun il a répété que Madrid ne pouvait tolérer le coup de force marocain, que l'armée espagnole n'avait pas l'intention de s'installer à demeure sur le *peñon* contesté, que son pays n'était pas opposé à des patrouilles communes maroco-espagnoles sur l'îlot mais que l'évacuation des forces marocaines était un préalable.

Le discours espagnol porte. Quarante-huit heures après le début de la crise, la présidence de l'Union européenne – alors assurée par le Danemark – se dit « très préoccupée » et exige le « retrait immédiat » des Marocains. De son côté, le président de la Commission, l'Italien Romano Prodi, évoque ses « graves

préoccupations » et laisse entendre que les relations entre l'Europe et le Maroc vont pâtir de cette invasion du territoire européen par une force étrangère, la première depuis la fin de la Seconde Guerre mondiale.

Deux jours plus tard, changement de ton. Bruxelles continue à évoquer la solidarité de l'Europe avec l'Espagne, mais les mots choisis, les expressions contenues dans les communiqués témoignent d'une inflexion. On ne parle plus d'une « violation de l'intégrité territoriale de l'Espagne », mais d'un « contentieux » entre Madrid et Rabat. Comme si l'Europe, frappée d'une soudaine amnésie, se lavait les mains de ce qui se passe sur les marches du Vieux Continent.

Les Espagnols ont vite compris que la France, plus précisément l'Élysée, était derrière le changement de ton. Il y a cette conversation téléphonique au lendemain de l'occupation marocaine entre Jacques Chirac et le chef du gouvernement espagnol. Dans son français approximatif, Aznar a plaidé la cause de son pays avant de se faire rabrouer. La France, lui rétorque Chirac, n'est pas convaincue que l'Espagne est fondée à revendiquer la souveraineté sur ce bout de rocher oublié à deux pas du Maroc. Les juristes ne sont pas d'accord entre eux. Et même si l'îlot Persil est espagnol, ajoute le président, ce n'est pas le moment d'affaiblir Mohammed VI. Il faut au contraire l'aider à consolider son trône. « Cède Persil, Ceuta et Melilla au Maroc », conseille le président français. « Et parle à Mohammed VI. Il va se marier », ajoute-t-il. À aucun moment le président français ne critique ne serait-ce que du bout des lèvres le geste marocain.

À l'autre bout du fil, le chef du gouvernement espagnol est exaspéré par cet « enfant mal élevé », dit-il, qu'est Chirac, mais pas véritablement surpris. Entre lui

et le président français, entre l'Espagne et la France, dès qu'il s'agit du Maroc, les épées sortent des fourreaux. Quelques années auparavant, lorsque Bruxelles négociait avec Rabat un accord de pêche capital pour l'Espagne, Paris n'avait pas voulu peser sur son allié marocain pour faire aboutir les discussions. S'ensuivirent une crise pour la pêche artisanale espagnole, la principale concernée par l'accord, et le début d'une méfiance profonde entre Aznar et Chirac. Le président français « a conseillé au Maroc de ne pas conclure d'accord de pêche [1] », jure l'ancien chef du gouvernement espagnol. Plus tard, lorsque les Italiens et les Espagnols ont proposé aux Quinze de subordonner l'aide au développement accordée aux pays du pourtour méditerranéen à leurs efforts pour endiguer l'émigration sauvage, Paris a fait capoter le projet qui visait le Maroc sans le nommer.

Jacques Chirac ne supporte pas le chef du gouvernement espagnol et réciproquement. Aznar est arrogant et Chirac condescendant. Les deux hommes se sont affrontés durement au conseil des chefs d'État à Nice en décembre 2000 sur le devenir des institutions européennes. Au président français venu à Madrid préparer le terrain avant Nice, l'Espagnol a lancé : « Je vais commencer par t'indiquer les lignes rouges de la position française. » La réplique n'a pas traîné : « Si je suis ici, c'est justement pour savoir ce que tu peux effacer comme lignes rouges. » Malgré sa brièveté, l'affrontement a laissé des traces.

À nouveau, avec cette affaire du « caillou », Aznar

1. Cette citation de José Maria Aznar ainsi que celles qui suivent sont extraites d'un livre à paraître en Espagne d'un journaliste du quotidien *El País*, Ignacio Cembrero.

sait qu'il a l'Élysée contre lui, que Chirac fait passer l'alliance avec Rabat et la défense du trône de Mohammed VI avant la solidarité européenne. Le chef du gouvernement espagnol s'est forgé une conviction et il n'en démordra plus. Aujourd'hui encore, quatre ans après ces événements, retiré des affaires publiques à la suite d'une défaite électorale, Aznar persiste et signe : « Il n'y avait pas que le Maroc derrière cette initiative [l'invasion de l'îlot Persil]. Il y avait un autre pays, accuse-t-il. Il est certain que Chirac a appuyé le Maroc lorsqu'il a envahi Persil, et il a épaulé la conquête de l'îlot [...]. Certains dirigeants français, certains cercles du gouvernement de la France pensent avoir l'exclusivité des rapports avec le Maroc [...]. Je pense qu'ils se trompent. »

Dépit d'un partenaire européen qui s'est senti trahi par un pays voisin ? En partie seulement car, à l'été 2002, lorsque la crise est à son paroxysme, le soutien français à Rabat est sans faille. Dans l'entourage de Jacques Chirac, on commence par minimiser l'affaire puis, quitte à nier l'évidence, on jure haut et fort que la décision marocaine de faire une incursion sur l'îlot a été prise par un subordonné sans en référer au roi et que, de toute façon, si l'on regarde de près les cartes de géographie, la propriété de l'îlot qui jouxte Ceuta est sujette à caution. La meilleure preuve en est, dit-on à Paris, que l'OTAN a toujours refusé d'envoyer des bâtiments de guerre mouiller dans le port de l'enclave espagnole au grand dam de Madrid[1]. « Est-ce que la France a invité l'OTAN à venir à la Martinique ou à la Guadeloupe ? » ironise-t-on au Château.

1. Ce que l'on oublie de dire à l'Élysée, c'est que l'OTAN a repoussé les avances espagnoles uniquement à la demande de la France.

Ce que les autorités espagnoles ignorent, c'est que Chirac est à contre-emploi. Il défend le coup de force marocain parce qu'il n'a pas le choix, parce que la France reste l'avocat constant du royaume et qu'il a promis à Hassan II de veiller aux intérêts de la famille royale. Que l'on enlève la raison d'État et c'est un autre Chirac qui apparaît. Un Chirac entré dans une colère noire lorsqu'il a été prévenu du débarquement des troupes marocaines sur l'îlot. Au téléphone, il a dit à Lalla Meryem, la sœur aînée de Mohammed VI, avec qui il a des discussions franches, tout le mal qu'il pensait de l'amateurisme de son frère et de son irresponsabilité. Les mots étaient sévères et les expressions plus fleuries que d'habitude.

Mais tout cela est oublié. L'important est de défendre le Maroc, de le sortir du bourbier où il se trouve. Les diplomates français ont donc reçu la consigne d'afficher la même fermeté que l'Élysée. Et c'est ce qu'ils vont faire. À Rabat, une réunion des ambassadeurs de l'Union européenne au Maroc est convoquée le 13 juillet à la demande de l'Espagne, qui a transmis auparavant une note écrite exposant la position de Madrid. Comme le Danemark, qui assure la présidence de l'Union, n'a pas d'ambassade à Rabat, c'est dans les locaux de la chancellerie grecque que la réunion se déroule.

Elle est glaciale. La France est représentée par Frédéric Grasset, l'ancien chef du protocole de l'Élysée, donc un proche du président de la République. Autant l'homme est chaleureux, autant le diplomate peut être cassant. L'ambassadeur d'Espagne, Fernando Arias-Salgado, un homme de conviction proche d'Aznar, vient tout juste de remercier les diplomates européens pour l'appui apporté à Madrid, que Frédéric Grasset l'interpelle en termes polis mais vifs : « Quels sont les titres de l'Espagne sur l'îlot ? » Interloqué, le diplomate espagnol n'est pas au bout de ses surprises. L'hostilité française est là, qui s'affiche devant ce parterre d'Européens. « La présidence de l'Union a cru bon de réclamer le "retrait immédiat" des forces marocaines, poursuit le diplomate. Sachez que si la France avait été consultée elle aurait demandé la suppression du mot immédiat. Il faut savoir donner du temps à la négociation. »

Dans la salle, personne n'ose intervenir. Jamais, de mémoire de diplomate en poste à Rabat, une réunion n'a donné lieu à une telle passe d'armes. « Je suis blessé. Que faites-vous du fait accompli du Maroc ? Que dites-vous de cette décision unilatérale qui viole les accords passés ? Comment le représentant de la France peut-il parler comme vous venez de le faire ? Où est la solidarité française ? » s'insurge Fernando Arias-Salgado.

Pour les Espagnols, la situation désormais est claire. Ils ont la France contre eux. Elle ne s'en cache même pas. Paris ne fera pas le moindre geste pour aider Madrid. D'ailleurs, lorsqu'en ces jours de folie les Espagnols veulent alerter les Marocains sur la gravité de la crise, les prévenir au plus haut niveau que le temps joue contre eux, que la probabilité d'une intervention militaire augmente, vers qui se tournent-ils pour faire passer le message ? Vers les Américains. « Nous avions également mis les Français dans la confidence. Ils auraient pu jouer les intermédiaires à la place de Washington. Mais Chirac n'a jamais passé le message à Mohammed VI. Il n'a pas davantage incité le roi à se rapprocher de nous », accuse l'ancien conseiller diplomatique du chef du gouvernement espagnol, Ramon Gil Casares[1]. Ce

1. Entretien avec l'auteur, juillet 2005.

n'est donc pas de Paris que viendront les pressions pour amener les Marocains à quitter l'îlot avant d'en être chassés par la force.

La suite est connue. Le 14 juillet, les autorités marocaines annoncent la tenue prochaine d'une conférence de presse sur l'îlot Persil « libéré », à laquelle ils ont convié les journalistes locaux et étrangers. Des autocars sont affrétés depuis la capitale pour les y conduire. Vu de Madrid, qui a dépêché des renforts militaires importants dans la région, il s'agit d'une provocation. Il y a urgence à crever l'abcès avant que les passions nationalistes ne prennent le dessus à Rabat, plaident les ultras.

Dès lors les événements vont s'enchaîner selon une mécanique que rien ne semble en mesure de stopper. Première étape, le 16 juillet, en début de soirée, l'ambassadeur d'Espagne est invité par ses supérieurs à quitter séance tenante la capitale marocaine et à rejoindre Madrid par la route si besoin – ce qu'il fera. Officiellement, il est rappelé « pour consultations ». Il ne s'agit pas d'une rupture des relations entre les deux pays. Puis Madrid lance un ultimatum à Rabat par le canal des Américains : les Marocains devront avoir évacué l'îlot avant le 17 juillet à 4 heures du matin au plus tard, faute de quoi « des conséquences négatives sont à craindre ». En clair, les forces armées espagnoles interviendront. Il est près de 1 heure du matin lorsque le message est transmis à Rabat.

Le délai est très court. Les Marocains doivent se décider vite : se retirer de l'îlot Persil ou prendre le risque d'une humiliation militaire inévitable. Or, le ministre marocain des Affaires étrangères, Mohamed Benaissa, tergiverse. Il aimerait dire oui mais il réclame un délai supplémentaire car il ne peut s'engager sans l'aval du roi. Or, Mohammed VI dort. Et il est hors de question de réveiller le souverain, explique-t-il à son homologue, la toute nouvelle ministre Ana Palacio avec qui il est en communication téléphonique. La situation frise le ridicule mais Madrid reste intraitable. La reprise du *peñon* n'est plus qu'une question d'heures.

Le 17 juillet au petit matin, c'est chose faite. Les Espagnols n'ont pas lésiné sur les moyens. Alors que des gardes civils auraient suffi et au-delà pour reprendre possession de l'îlot, ce sont des commandos – ceux-là mêmes qui se sont illustrés en Bosnie et en Afghanistan – qui débarquent par hélicoptère. À leur grande surprise, les Espagnols n'ont aucun mal à désarmer en quelques minutes les Marocains – sept hommes en tout et pour tout – surpris dans leur sommeil[1]. Le vent était tel que les militaires de Sa Majesté – il s'agissait de marins – n'ont rien entendu.

Les prisonniers sont conduits à Ceuta, l'enclave espagnole proche de l'îlot. Là, ils ont droit à un petit déjeuner et à un examen médical avant d'être remis aux autorités marocaines – avec les armes qui leur ont été restituées – comme s'il s'agissait d'émigrés clandestins.

La victoire assurée, les autorités espagnoles contactent les autres capitales pour que la diplomatie reprenne le dessus. Or, surprise, à Paris, l'accueil reste on ne peut plus frais. Le Quai d'Orsay prend les choses de haut et interpelle Madrid : « Que sont devenus les prisonniers marocains ? Ont-ils été bien traités ? L'Espagne sera tenue responsable de leur sort », s'entend

1. Certains dormaient dans une grotte de l'îlot Persil, d'autres à la belle étoile. Les conditions étaient si peu confortables que des soldats marocains avaient été autorisés à passer la nuit sur la côte.

dire un diplomate espagnol par l'actuel représentant de la France aux Nations unies, Jean-Marc de La Sablière. À l'heure de l'admonestation, les prisonniers ont déjà été remis aux autorités marocaines...

La France est mauvaise perdante. Alors qu'il était urgent de reprendre langue avec Madrid et de jouer les arbitres, Paris se cabre. C'est donc le secrétaire d'État américain Colin Powell qui, saisi par Madrid, va être le juge de paix entre le Maroc et l'Espagne, deux alliés essentiels pour Washington. Quelques jours de négociations par téléphone, et Colin Powell reçoit l'accord des deux parties pour un retour au statu quo antérieur. C'est clairement une défaite pour le Maroc et son allié français, et une victoire pour l'Espagne. Celle-ci a obtenu ce qu'elle souhaitait : aucun soldat marocain ne viendra s'installer sur l'îlot contesté après le départ des commandos espagnols. En revanche, pour l'autre camp, le bilan est négatif. Le coup de force marocain n'a abouti à aucun résultat. Sans doute Rabat escomptait-il qu'une fois les militaires débarqués sur l'îlot, un arbitrage international lui serait favorable. La riposte espagnole a tué le plan dans l'œuf.

Depuis, quelques voix discrètes se sont élevées au sein du Quai d'Orsay qui parlent de gâchis. « La France s'est disqualifiée, confie un diplomate sous couvert d'anonymat. Il fallait dire à l'Espagne qu'elle était un allié et un ami ; envoyer dans le même temps un message au Maroc et lui faire comprendre que si c'était la France qui jouait les médiateurs, leur pays s'en sortirait mieux. Nous ne l'avons pas fait. C'est une faute. L'Espagne s'est tournée vers les États-Unis. C'est également une erreur vis-à-vis du Maroc. » Et le diplomate de conclure : « On a lâché l'allié et laissé le fils préféré se dépatouiller tout seul. »

Est-ce le fruit du hasard ? Sans doute pas, tant la diplomatie française, dès qu'il s'agit du Maroc, semble aveuglée et incapable de conserver un semblant de jugement. La responsabilité en incombe à l'architecte de la politique extérieure française. Comme l'avouera avec dépit un diplomate français à son homologue espagnol : « Mon rapporteur sur le Maroc s'appelle Jacques Chirac. C'est vrai pour les petites comme pour les grandes choses. »

Un autre exemple de la complicité entre les deux capitales existe, tout aussi caricatural mais moins médiatisé – du moins en France. Il concerne le devenir du Sahara occidental. Les journaux français évoquent rarement le dossier et ils ont tort : si la monarchie marocaine devait être emportée un jour, ce pourrait bien être à cause du Sahara occidental.

Depuis trente ans, son devenir oppose le Maroc, qui l'occupe militairement, au Front Polisario, qui a trouvé refuge dans le Sud algérien. Le royaume considère cette frange du Sahara comme un territoire marocain, tandis que le Front Polisario milite pour son indépendance.

Pour le Maroc, la question n'est pas anecdotique. Les autorités, depuis Hassan II, ont fait de la « récupération » des « provinces du Sud [1] » une cause nationale sacrée. Tous les partis politiques, y compris les islamistes, adhèrent à cet impératif qui monopolise les diplo-

---

1. C'est ainsi que la propagande marocaine appelle le Sahara occidental.

mates du royaume et pèse lourdement sur les finances de l'État. Quiconque à Rabat ose mettre en doute la « marocanité » du Sahara occidental s'expose à des ennuis qui peuvent conduire à la prison.

Depuis la « marche verte » – une croisade au Sahara occidental lancée par Hassan II en 1975 –, les Nations unies s'efforcent de trouver une issue à ce conflit oublié, en partie hérité de la guerre froide et d'une décolonisation bâclée. La solution naturelle pour déterminer l'avenir du territoire est bien sûr d'organiser un référendum d'autodétermination. Une mission de l'ONU y a travaillé pendant des années jusqu'à ce que l'échec soit flagrant. Les deux protagonistes n'ont jamais réussi à s'entendre sur la composition du corps électoral appelé à choisir entre un rattachement au Maroc ou l'indépendance.

Il est vrai que définir qui est sahraoui et qui ne l'est pas est difficile dans une société de nomades où la culture orale domine. Pour compliquer le problème se pose la question des civils marocains venus « coloniser » le Sahara occidental. Doivent-ils ou non participer au référendum ?

Le blocage est tel que, depuis près de quinze ans que les armes se sont tues entre les Marocains et les combattants du Front Polisario, les plans de paix onusiens s'enchaînent sans succès. Chacun des protagonistes campe sur sa position. Boudée par les grandes puissances mais reconnue par des dizaines d'États – dont, il y a peu, l'Afrique du Sud et l'Uruguay –, la République arabe sahraouie démocratique s'efforce d'élargir son assise internationale. Puissance occupante, le Maroc joue la carte du temps et exploite le « Sahara utile ».

Engagé dans une course de lenteur, le Maroc sait pouvoir compter sur l'Élysée. Les raisons n'ont rien de mystérieux. La France ne veut pas d'un État sahraoui qu'elle imagine purement et simplement aligné sur l'Algérie, l'alliée historique du Polisario. Ne le serait-il pas, Paris refuse de croire à la viabilité d'un État construit sur du sable : une population dérisoire éparpillée sur un territoire très vaste, des pays voisins incommodes, des ressources économiques en pointillé...

Les arguments ne sont pas de ceux que l'on balaie d'un revers de main. L'instabilité du Niger ou de la Mauritanie, deux pays sahéliens proches, invite à la prudence. Avec l'Algérie et le Maroc adversaires apparemment irréductibles, la région n'est pas des plus paisibles.

Mais si Paris ne veut pas entendre parler d'un État sahraoui, c'est pour d'autres raisons, moins avouables. Il y a la crainte française de voir se créer entre le Maroc et le ruban de pays qui, de la Mauritanie au Sénégal, court vers l'Afrique de l'Ouest, un État croupion dont la langue officielle ne pourrait être que celle de l'ancien colonisateur, l'espagnol. La continuité linguistique serait rompue et la culture française menacée. La perspective est peu plaisante pour Paris. Il y a aussi – surtout – la hantise de voir la monarchie marocaine emportée comme fétu de paille si d'aventure le Sahara occidental accédait au rang d'État. La monarchie a trop fait vibrer la corde nationaliste depuis des décennies, trop investi financièrement pour attirer les « colons » marocains vers le Sahara, trop impliqué l'armée royale dans la défense des « provinces du Sud », pour n'avoir pas à redouter un retour de bâton si d'aventure les Sahraouis arrachaient leur indépendance.

Paris n'ignore rien du risque encouru. Pour l'écarter, l'Élysée et le Quai d'Orsay n'ont eu de cesse de torpiller à New York, au siège de l'ONU, toute amorce de solution qui risquerait de fragiliser le régime marocain. Ils ont atteint leur objectif : la solution du référendum d'autodétermination est en passe d'être enterrée, alors qu'elle a maintes fois fait ses preuves dans les processus de décolonisation. Le secrétaire général des Nations unies, Kofi Annan, l'a reconnu : « Les grandes puissances admettent aujourd'hui que le Maroc a des droits historiques sur une "province" conquise par la force. »

Côté français, une brochette de diplomates se sont prêtés à l'opération d'assistance au Maroc voulue par l'Élysée. Ils l'ont fait par devoir autant que par conviction. Certains y ont-ils en outre trouvé un avantage financier ?

La justice dira peut-être si Jean-Bernard Mérimée, mis en examen dans le cadre du dossier « pétrole contre nourriture », pourrait être de ceux-là[1]. Ambassadeur de France au Maroc à la fin des années quatre-vingt avant d'aller à New York représenter la France au Conseil de sécurité de l'ONU, ce fils de magistrat est ce qu'on appelle « un ami du Maroc », où il possède, à proximité de Ouarzazate et de ses lacs, un confortable chalet dont le terrain, à en croire l'ancien « grand vizir », lui a été offert par Hassan II.

Le Maroc a su s'attacher Jean-Bernard Mérimée. Lorsque le diplomate quitte le Quai d'Orsay au tournant du siècle, la plus importante banque privée marocaine, la BMCE, lui propose d'entrer dans son conseil d'administration. Elle ne fait pas appel à un inconnu,

1. Il s'agit du scandale provoqué par le détournement d'une partie de l'argent tiré des ventes de pétrole irakien soumis à un embargo par les Nations unies.

puisque M. Mérimée portait déjà le titre de « conseiller spécial pour l'international » du président de la banque. Inutile d'épiloguer sur les avantages accrochés à la fonction : salaire confortable, billets d'avion pour monsieur et madame, voiture avec chauffeur à Paris... Représentant de la France à l'ONU, M. Mérimée a-t-il privilégié ses amitiés marocaines au-delà du raisonnable ? Les Algériens en sont convaincus qui l'accusèrent d'être payé par le royaume, obligeant Driss Basri à publier un démenti scandalisé. « Oui, il nous aidait. Il le faisait gratuitement. Mais c'est vrai qu'il ne faut pas oublier l'esprit seigneurial de Hassan II pour ses amis[1] », précise aujourd'hui l'ancien bras droit du monarque défunt. Il n'en dira pas davantage.

La « politique des enveloppes » est pourtant une spécialité des responsables marocains. Ils la pratiquent depuis longtemps pour combler les lacunes d'une diplomatie à la peine sur le dossier du Sahara occidental. « La stratégie des Marocains se résume à acheter les gens : les dirigeants du Front Polisario, les diplomates étrangers, les responsables des Nations unies au Sahara occidental », dit Bernard Miyet, qui fut le conseiller diplomatique de Kofi Annan à l'ONU après un passage par l'Élysée[2].

L'homme sait de quoi il parle. Numéro deux des Nations unies de 1997 à 2000, le Français a eu l'occasion d'apprécier les méthodes marocaines. « Une fois, en 1998, je devais rencontrer Hassan II dans le cadre

1. Entretien avec l'auteur, octobre 2005.

2. Entretien avec l'auteur, mai 2005. La nomination de Bernard Miyet était une sorte de lot de consolation pour la France, dont le candidat pour un second mandat à la tête de l'ONU, l'Égyptien Boutros Boutros-Ghali, avait été refusé par les États-Unis.

d'une tournée au Maghreb à propos du Sahara occidental, raconte-t-il. Les Marocains m'avaient logé à l'hôtel Hilton de Rabat. J'étais venu seul et pourtant ils avaient mis à ma disposition deux chambres, deux salles de bains. Dans l'une, il y avait au moins trois cents flacons de parfum qui m'attendaient. Ils voulaient m'acheter. C'était le cadeau de bienvenue. »

Il ne sera pas perdu pour tout le monde. Un Français, directeur d'une station de radio, venu rendre visite à Bernard Miyet à l'hôtel, repartira avec la moitié du trésor dissimulé dans un sac poubelle. Le suivant, un diplomate marocain de haut niveau, héritera des autres flacons.

À défaut d'avoir réussi avec le numéro deux de l'ONU, les Marocains se sont tournés vers son entourage. Avec davantage de succès. Une Française, proche collaboratrice de Bernard Miyet, a ainsi été pendant des années une sorte d'agent d'influence de Rabat aux Nations unies. « Elle avait la confiance du secrétaire général de l'ONU. C'était l'une des rares personnes à comprendre la position du Maroc. Elle nous a aidés et je l'ai reçue plusieurs fois chez moi », confie Driss Basri, en charge du dossier du Sahara occidental.

Pendant cette période, l'une des préoccupations du palais royal a été d'obtenir les documents concernant le Sahara occidental bien avant qu'ils ne viennent en discussion au Conseil de sécurité de l'ONU. « C'était important pour nous, ajoute l'ancien ministre. Lorsque nous les avions, ils étaient tout de suite communiqués à Hassan II. Le roi pouvait réagir en contactant les chefs d'État des pays membres du Conseil de sécurité. »

Le procédé était de bonne guerre, mais d'une portée anecdotique. L'essentiel, pour Rabat, a toujours été de s'appuyer sur la France, membre permanent du Conseil de sécurité, pour éviter toute mauvaise surprise à l'ONU. Sous-traité sans le dire à la diplomatie française, le dossier du Sahara occidental est devenu pour Paris une affaire de la plus haute importance.

On l'a vu en 2001. Depuis des années, l'ancien secrétaire d'État américain, James Baker, devenu le représentant spécial pour le Sahara de Kofi Annan, s'évertue à trouver une solution. Cette fois, il pense l'avoir trouvée. Dans la nouvelle mouture de son plan, il n'est plus question de référendum mais d'une autonomie pour le Sahara occidental à négocier dans le cadre du royaume du Maroc.

La France applaudit. L'Élysée est convaincu qu'un référendum serait suicidaire pour le royaume. Une majorité de la population, et pas seulement parmi les Sahraouis, risque de voter en faveur de l'indépendance. L'ambassadeur de France a osé le dire en son temps à Hassan II, ce qui lui a valu les foudres de Driss Basri. Un statut d'autonomie pour le Sahara occidental, voilà la solution. Paris jubile, d'autant plus que, si la Russie semble réticente, la Grande-Bretagne et les États-Unis accueillent favorablement le compromis.

Paris optimiste, le palais royal ne pouvait que se mettre à l'unisson. C'est ce que fait Mohammed VI. Au *Figaro* qui l'interroge en septembre 2001, le roi affirme sans ambages : « J'ai réglé la question du Sahara qui nous empoisonnait depuis vingt-cinq ans[1]. » Et le monarque d'ajouter : « Ce genre d'affaires ne se traite pas en grimpant sur un piédestal et en publiant un communiqué par jour. Pour obtenir que les onze

1. Il s'agit de la première interview accordée par le roi à un quotidien français. Depuis, il en a donné à *Paris Match*.

membres du Conseil de sécurité de l'ONU reconnaissent la légitimité de la souveraineté marocaine sur notre Sahara, nous avons travaillé dur et dans la plus stricte confidentialité pendant dix-huit mois. »

Le triomphe et l'autocélébration sont de courte durée. Le souverain a fait comme si l'Algérie, opposée à une mainmise du royaume sur le Sahara occidental, comptait pour rien ; comme si l'Espagne, l'ancienne puissance coloniale, pouvait être tenue pour quantité négligeable sur ce dossier alors qu'elle est une voix respectée à l'ONU ; comme si des dizaines d'États n'avaient pas reconnu la République sahraouie. Résultat : le projet de vraie-fausse autonomie ne sera jamais présenté au Conseil de sécurité. S'y risquer, c'était courir au-devant d'un échec.

Il reste une question : pourquoi Mohammed VI s'est-il laissé aller à un optimisme pour le moins prématuré ? Qui l'a si mal conseillé ? Qui lui a fait croire que le contentieux sur le Sahara était en voie de règlement pour le plus grand profit du royaume ? Ses conseillers, dont se gausse Jacques Chirac ? Les diplomates marocains ?

Les dirigeants espagnols ont leur réponse. C'est la France, par l'intermédiaire de son ambassadeur au Maroc, Michel de Bonnecorse, qui a induit le roi en erreur. « En toute bonne foi, le diplomate français a fait croire à Mohammed VI que l'accord allait être voté au Conseil de sécurité moyennant un peu de pression sur l'Espagne. Comme les choses ont pris un cours différent, Mohammed VI a cru que c'était la faute de l'Espagne. Il en a voulu à Madrid, mais pas à l'ambassadeur de France », analyse un diplomate espagnol sous couvert d'anonymat.

L'affaire a connu un nouveau rebondissement à

l'été 2003 avec ce qui sera l'ultime mouture du plan Baker. Cette fois, l'Américain propose un régime de semi-autonomie pendant cinq ans au maximum avant l'organisation du référendum d'autodétermination. Pour ne pas s'embourber dans des débats sans fin sur la composition du corps électoral, James Baker préconise de faire voter les Sahraouis de souche mais également toute personne de dix-huit ans ou plus résidant sur le territoire depuis quatre ans.

L'approche favorise le Maroc qui par diverses mesures financières et fiscales a encouragé ses ressortissants à aller s'installer au Sahara occidental. Pourtant, le Polisario et son parrain, après quelques tergiversations, finissent par accepter le plan Baker parce qu'il débouche sur un scrutin [1]. C'est peut-être, espèrent-ils, le début du processus d'indépendance.

Parce que justement ils partagent la même analyse, les Marocains vont le rejeter. Ils ne veulent plus d'un référendum d'autodétermination pour un territoire qu'ils estiment leur appartenir. En réalité, ils redoutent l'issue du référendum. « Le plan Baker est une marche programmée vers l'indépendance », lâche en petit comité le ministre marocain délégué aux Affaires étrangères, Taïeb Fassi-Fihri.

La situation est délicate pour le Maroc et son allié de toujours, la France. Faisant preuve d'une fermeté que Rabat ne leur connaissait pas, les États-Unis appuient Kofi Annan dans sa volonté de faire voter le plan Baker revu et corrigé, et de le faire appliquer sans tarder. Lorsque le texte de la résolution a été lu au Conseil de sécurité, le représentant de la France, Jean-Marc de La Sablière, n'a cessé de hocher la tête

1. Le Polisario l'a accepté « avec des réserves ».

en signe de désapprobation. « Il faut tenir compte de la sensibilité des Marocains », n'a-t-il cessé de répéter.

Une nouvelle fois, la France – épaulée par deux de ses anciennes colonies, le Cameroun et la Guinée, rameutées pour l'occasion – va s'employer à faire capoter le plan pour sauver la mise du Maroc. Certes, le plan Baker sera approuvé à l'unanimité des quinze membres du Conseil de sécurité mais, et c'est le plus important, dans une version édulcorée. Il n'est plus question d'imposer son application aux protagonistes. Le document se contente de les inviter à « collaborer » avec les Nations unies et James Baker. La différence peut sembler mineure et d'ailleurs les Américains et les Russes étaient convaincus qu'elle ne prêtait pas à conséquence. En réalité, elle était capitale puisque nulle contrainte n'était prévue à l'encontre des parties – Maroc, Algérie ou Front Polisario – qui ne joueraient pas le jeu. En dépit des apparences, la solution du problème n'a pas avancé d'un pouce. James Baker en tirera la conclusion en démissionnant de son poste.

Depuis, le dossier stagne. Le Maroc refuse le référendum qu'il défendait naguère. Le palais ne propose aucune alternative crédible. « On ne veut pas être prisonnier de nos propres mots », a expliqué un jour le numéro deux de la diplomatie du royaume.

La France, de son côté, reste plus que jamais l'avocat du royaume. Lors de sa dernière visite officielle au Maroc, à l'automne 2003, Jacques Chirac n'a certes pas employé, comme il l'avait fait en 2001, le vocabulaire marocain qui parle des « provinces du Sud » à propos du Sahara occidental. Mais il a réaffirmé que la France « soutient et soutiendra » le Maroc dans le dossier du Sahara occidental.

Qui en a jamais douté ?

6.

L'alliance du Trône et de la République

Le Maroc est la destination favorite des ministres français lorsqu'ils sortent de l'Hexagone. Alors que le royaume est un partenaire économique mineur et un acteur déclinant sur la scène internationale, il reste une sorte de lieu de pèlerinage obligé pour les membres du gouvernement, quelle que soit d'ailleurs la couleur politique de ce dernier. L'exemple vient d'en haut. C'est au Maroc que Jacques Chirac, fraîchement élu à la présidence, a réservé – comme Valéry Giscard d'Estaing avant lui – sa première visite officielle à l'étranger[1].

En fait, l'attirance joue dans les deux sens. La France aussi est la capitale favorite des hommes politiques marocains. Rares sont les semaines où l'un d'entre eux ne fait pas le déplacement à Paris.

Les allers retours incessants entre la France et le Maroc participent de cette idée que les relations entre les deux pays obéissent à des lois spécifiques, différentes, par exemple, de celles qui gouvernent les rapports franco-algériens ou franco-tunisiens. C'est donc au

1. De même, la première visite officielle du roi Mohammed VI a été pour la France.

nom de la singularité des liens entre Paris et Rabat que des pratiques étranges se sont développées au fil des années. Ainsi de cette tradition non écrite qui veut que le chef de l'État français, avant de nommer un Premier ministre étranger à la tribu franco-marocaine, l'envoie se faire adouber par le roi. Avec Dominique de Villepin, né au Maroc et défenseur inconditionnel du trône alaouite, l'intronisation était superflue. Avec Lionel Jospin imposé par les urnes au président Chirac, elle était hors de propos. Mais pour le socialiste Michel Rocard, désigné par François Mitterrand, et après lui le gaulliste Alain Juppé, l'homme lige de Jacques Chirac, une étape marocaine a jalonné la route de Matignon. En cas d'échec à l'examen de passage devant Hassan II, leur carrière politique eût été compromise.

Ce qui vaut pour les Premiers ministres vaut a fortiori pour les ambassadeurs de France au Maroc. Ne peuvent prétendre venir représenter la France dans le royaume que les diplomates bien en cour à Rabat. Malheur aux autres. Dans le milieu des années quatre-vingt-dix, alors que la droite, installée à l'Élysée, se préparait à reconquérir Matignon, la nomination d'un nouvel ambassadeur n'attendait plus que le feu vert du président Chirac. Le candidat avait, semble-t-il, toutes les qualités requises mais, vu de Rabat, il était suspect de tiédeur à l'encontre du royaume. Le palais fit passer le message au chef de l'État par l'intermédiaire d'Alain Juppé. La nomination du futur ex-ambassadeur resta bloquée le temps pour la droite de revenir au Quai d'Orsay et de changer de candidat. Ce qui fut fait.

L'ambassade de France au Maroc est un poste faussement confortable. « Vous héritez d'une ambassade où il n'y a rien à faire [1] », assurait à l'époque Maurice Couve de Murville à Jacques Morizet tout juste nommé à Rabat. L'arrivée de la gauche au pouvoir en France en 1981, vécue comme un cauchemar à Rabat, apprendra à l'ambassadeur Morizet que la sinécure marocaine n'en était pas vraiment une. « Être ambassadeur de France au Maroc, c'est faussement facile », dit avec justesse Philippe Cuvillier, un autre de ces ambassadeurs de France dont le portrait en noir et blanc orne une salle de la chancellerie à Rabat.

M. Cuvillier parle d'expérience. Ambassadeur au milieu des années quatre-vingt, il a dû louvoyer entre un roi qui se considérait « comme un Français » et des réseaux franco-marocains omniprésents. « À l'époque, Charles Pasqua venait souvent au Maroc. Il avait ses entrées au palais royal. J'étais contraint de limiter mon territoire à l'éducation, la francophonie... », raconte le diplomate surnommé, à cause de sa faible marge de manœuvre, « l'ambassadeur des maternelles ». Philippe Cuvillier a été rappelé à Paris bien avant le terme normal de sa mission, sans raison officielle. « Hassan II était connu pour faire valser les ambassadeurs de France [2] », avance en guise d'explication cet homme discret.

Une anecdote illustre la connivence entre les dirigeants français et marocain. Elle remonte aux années Giscard. Futur ministre des Affaires étrangères, Jean-Bernard Raymond était à l'époque ambassadeur de France au Maroc. Au cours d'une audience avec

1. Entretien avec l'auteur, novembre 2003.
2. Entretien avec l'auteur, novembre 2003.

Hassan II, il acquit la conviction que le roi avait eu connaissance de télégrammes secrets envoyés à Paris par l'ambassade. « C'est la pire des choses qui peut arriver à un ambassadeur », fait-il observer. Il fallait localiser la fuite d'urgence. Elle pouvait venir du personnel local comme d'un fonctionnaire français retourné par les services de renseignement marocains. Une enquête fut menée qui ne donna pas de résultat. Seule certitude, la fuite ne se situait pas à l'ambassade, mais à Paris. Mais qui était la taupe ? À quel niveau se situait-elle ? Au plus haut niveau de la République : c'était le chef de l'État en personne, le président Giscard d'Estaing, qui avait rapporté à son ami Hassan II quelques-unes des informations fournies par l'ambassadeur.

L'arrivée au pouvoir de Mohammed VI en 1999 a quelque peu modifié la donne. Le monarque n'a rien abdiqué des immenses pouvoirs de la dynastie alaouite, mais il s'intéresse peu à son métier et à la marche du monde. Constitué d'une poignée d'anciens élèves du collège royal, son entourage immédiat se révèle décevant. La période est délicate et l'Élysée le sait, qui dispose à Rabat d'un ambassadeur bien introduit, Michel de Bonnecorse[1]. De tous les diplomates en poste à Rabat, il est le seul à avoir un accès direct au palais. « Cela ne veut pas dire qu'il était reçu par le roi, mais que ce qu'il disait à un conseiller allait être rapporté au roi sans tarder », nuance un de ses homologues européens.

1. Son nom complet est Michel de Bonnecorse Benault de Lubières.

Arrivé à Rabat en 1995, le diplomate a assisté aux dernières années du règne de Hassan II. Quatre années à Rabat lui ont tout appris des lacunes du fils du souverain défunt et des faiblesses de l'embryon d'équipe qui l'entoure. Mais il y a la continuité de la monarchie à assurer au nom de la stabilité du Maroc, et la place de la France à sauvegarder. Proche de Jacques Chirac, Michel de Bonnecorse sera donc l'homme de l'Élysée, le défenseur des intérêts tricolores que les voisins espagnols, murmure-t-on à Paris, rêvent de mettre à mal.

Surnommé le « vice-roi », le diplomate français n'est pas du genre à se dérober. Il joue le jeu. À sa façon. Un nouvel ambassadeur vient-il d'arriver à Rabat ? Contre tous les usages, Michel de Bonnecorse le convie à une réception à la résidence de France avant même qu'il ait présenté ses lettres de créance au palais. « Pourquoi une telle précipitation ? Comme s'il était chez lui au Maroc », s'insurge un diplomate européen.

L'ambassadeur de France est un homme affable mais qui agace. Il agace parce qu'il a la réputation de rapporter au palais tout ce qui se dit dans les rencontres entre diplomates de l'Union européenne. Les nouveaux venus sont priés de tenir leur langue en sa présence. Il agace également par son côté donneur d'ordres. Lorsque, au début de 2002, l'Espagne obtient du Front Polisario la libération de prisonniers de guerre marocains, le « vice-roi » interpelle un haut fonctionnaire espagnol : il veut que Madrid exige du Polisario une seconde vague d'élargissements au prétexte que l'Espagne préside le Conseil de l'Union européenne. « Vous êtes en train de tenir le discours du Maroc », lui répond son interlocuteur. Il agace enfin par le parti pris qu'il a adopté. « Il présentait au roi une vision fausse, arrangée, de la réalité. Michel de Bonnecorse se voulait l'interprète des intérêts marocains auprès de l'Union européenne, alors que son objectif unique était de consolider la relation entre le Maroc et la France », résume un haut fonctionnaire basé à Bruxelles.

Alors que les ambassadeurs ne restent généralement en poste que trois ou quatre ans, Michel de Bonnecorse a passé près de sept années à Rabat. C'est exceptionnel. Sans doute faut-il y voir la preuve qu'aux yeux de Chirac, le diplomate réalisait un remarquable travail. D'ailleurs, après un bref passage en Suisse comme ambassadeur, M. de Bonnecorse sera appelé à l'Élysée, où il est devenu le « Monsieur Afrique » du président – le successeur, sinon l'héritier, de Jacques Foccart.

Michel de Bonnecorse parti du Maroc, son successeur fut recruté au sein du sérail présidentiel. Mais il était d'un tempérament différent. Plus discret, moins donneur de leçons, Frédéric Grasset avait dirigé le service du protocole de l'Élysée avant d'être récompensé par une nomination à Rabat.

S'il a suivi les consignes d'appui inconditionnel à Rabat dans l'affaire de l'îlot Persil, Frédéric Grasset a surtout déployé beaucoup d'énergie pour moderniser quelque peu l'étiquette pesante et surannée qui régit le palais royal. Mais qui a remarqué les minuscules changements introduits à l'automne 2003 à l'occasion de la visite officielle de Jacques Chirac ? Qui a noté que, pour la première fois, la jeune épouse de Mohammed VI, la princesse Selma, était placée dans l'ordre protocolaire avant Moulay Rachid, le frère du souverain ? Qui a observé que les ambassadeurs conviés au dîner de gala de Fès furent invités à serrer la main du roi, alors que jusqu'à présent l'étiquette voulait qu'ils se contentent de le saluer par une légère inclinaison ? À un diplomate européen qui le félicitait pour son travail de dépoussiérage, un Frédéric Grasset visiblement ravi fit cette réponse : « On a beaucoup travaillé ces détails. »

Était-ce cela qu'attendait de lui l'Élysée ? Probablement pas. Frédéric Grasset n'a pas connu la longévité de son prédécesseur. Après moins de trois années à Rabat, il a été brusquement rappelé à Paris, sans explication officielle, avant de se voir offrir l'ambassade de France en Irlande. Le poste est moins exposé.

Pourtant, à y regarder de plus près, les relations franco-marocaines ont rarement connu des périodes de forte tension au cours des trente dernières années. Gauche ou droite au pouvoir à Paris, la monarchie marocaine a toujours su s'accommoder des aléas du suffrage universel qui l'accompagnent parfois. La mauvaise surprise de mai 1981 a servi de leçon.

Car ce fut une mauvaise surprise pour le palais royal de voir débarquer à l'Élysée un socialiste. La petite équipe du ministère marocain de l'Intérieur installée place Beauvau à Paris comme à chaque consultation électorale n'avait rien vu venir. À l'image de leurs collègues, les fonctionnaires détachés par Rabat avaient prédit la victoire de « l'ami Giscard ». Il fallut attendre l'après-midi du dimanche fatal, le 10 mai, pour que l'un d'entre eux téléphone au « grand vizir » et lui dise tout à trac : « C'est foutu pour Giscard. »

Non que la personnalité de François Mitterrand inquiétât. Le parcours sinueux de cette figure de la IVe République, ses amitiés en tous sens, son pragmatisme laissaient entrevoir des accommodements. Mais il y avait l'entourage. Et pas seulement les communistes. Lionel Jospin agaçait qui, des années plus tard, à un congrès du Parti socialiste, allait gratifier Hassan II d'un « Monsieur le roi » reçu comme une insulte au palais royal. Il y avait surtout le nouveau ministre des Affaires étrangères, Claude Cheysson, coupable de préférer l'Algérie tiers-mondiste au Maroc féodal et de ne pas s'en cacher. C'est d'ailleurs d'Alger que le nouveau chef de la diplomatie française s'était rendu à Rabat pour y être reçu en audience – la première – par le roi. La maladresse était telle que Hassan II avait refusé de le voir. Il faudra toute l'habileté de l'ambassadeur de France, Jacques Morizet, pour qu'il revienne sur sa décision. Mais Claude Cheysson le provocateur ne sera pas reçu en tête à tête comme prévu initialement[1].

Pour surmonter la phase d'incompréhension, apaiser le palais royal, le convaincre que la politique extérieure de la France restait comme auparavant du ressort du chef de l'État et non du ministre des Affaires étrangères, il fallait un homme tout en rondeurs, bienveillant à l'égard de la monarchie. Qui l'était davantage que le secrétaire général de l'Élysée, Pierre Bérégovoy, lui qui, au début des années quatre-vingt-dix, visitant la grande mosquée Hassan II de Casablanca – construite par Bouygues –, allait saluer sur le livre d'or « le génie bâtisseur de ce roi qui transcende les difficultés de notre temps » ?

M. Bérégovoy fut donc le missi dominici de Mitterrand auprès du monarque. Conseiller diplomatique

1. Cité *in* Ignace Dalle, *Les Trois Rois. La monarchie marocaine, de l'indépendance à nos jours*, Fayard, 2004.

à la présidence, Hubert Védrine allait agir dans le même sens auprès de l'ambassadeur du Maroc en France.

L'opération de relations publiques a réussi. Très vite les deux chefs d'État ont appris à s'apprécier. Agacé par le sans-gêne et les roublardises de Hassan II, François Mitterrand est en revanche sensible au côté grand seigneur du souverain alaouite et à l'acuité de ses analyses. Pour sa part, celui-ci admire les talents de l'homme politique. Il le lui écrit sans détour au début de 1986 : « Je suis fasciné par la manière dont vous dirigez la campagne électorale des législatives. Elle confirme et dépasse ce que je savais de vous : l'art de la stratégie et les réflexes d'un grand homme d'État[1]. »

Des fausses notes, des brouilles passagères, il y en eut pourtant entre la France et le Maroc au cours de ces années Mitterrand. Elles concernaient toutes les droits de l'homme dont le respect, c'est un euphémisme, ne fut pas la préoccupation première de Hassan II. On se souvient de la famille Oufkir condamnée a endurer un calvaire dans un cachot infâme au fin fond du royaume pour expier un crime qu'elle n'avait pas commis, ou d'Abraham Serfaty, maintenu en prison parce qu'il refusait obstinément de reconnaître la « marocanité » du Sahara occidental. Parce que leur sort heurtait l'opinion publique française, ils furent une sorte de poil à gratter entre Paris et Rabat. En visite dans l'ancien protectorat, les ministres français étaient sommés d'évoquer le cas des victimes d'un monarque injuste, tandis qu'en sens inverse, leurs homologues marocains à peine débarqués à Paris devaient s'expliquer.

1. Jacques Attali, *Verbatim : 1981-1986*, t. I, Fayard, 1998.

L'affaire Moumen Diouri aussi a défrayé la chronique de ces années-là. Sauf qu'en l'occurrence, oubliant l'héritage du siècle des Lumières, la France, décidée à faire taire l'opposant à Hassan II réfugié sur son territoire, a fait preuve d'un volontarisme qui a choqué nombre de socialistes, et agréablement surpris à Rabat. Réfugié politique depuis un quart de siècle, Moumen Diouri avait eu le tort de vouloir publier en France un livre fort sévère sur la fortune accumulée par Hassan II. Austère, d'une lecture ardue, publié par une modeste maison d'édition, l'ouvrage, titré *À qui appartient le Maroc ?*, serait sans doute passé inaperçu si la justice n'avait décidé d'expulser par anticipation vers l'Afrique noire celui par qui le scandale menaçait d'arriver. La raison d'État était en jeu, comme devait le reconnaître à demi-mots Roland Dumas, le ministre des Affaires étrangères : « La France, dit-il, ne peut entrer en difficulté grave avec tous les pays qui comptent des réfugiés politiques sur notre sol. »

Lorsqu'on l'interroge aujourd'hui sur cet épisode des relations franco-marocaines, Driss Basri jure sans convaincre que « la France en a fait beaucoup plus que ce que le Maroc réclamait. J'avais demandé à Paris, raconte-t-il, de surveiller Diouri et de lui mettre des bâtons dans les roues. J'en avais glissé un mot au Quai d'Orsay et à la DST, dont le patron est ensuite venu me voir à Rabat pour m'annoncer que Diouri allait être expulsé de France et envoyé au Gabon. Nous, nous avions seulement demandé à ce qu'il soit contrôlé[1]. »

Les autorités françaises furent mal récompensées de leur empressement. Expulsé le 20 juin 1991 en « ur-

1. Entretien avec l'auteur, avril 2004.

gence absolue » pour « des raisons de sécurité nationale et d'ordre public », M. Diouri allait revenir en France trois semaines plus tard. Entre-temps, le tribunal administratif avait jugé qu'il n'y avait pas d'« urgence absolue ».

Pourquoi ce zèle des autorités françaises pour complaire aux autorités marocaines ? Il s'agissait probablement de se faire pardonner une affaire précédente, surgie avec un autre livre dont la sortie avait provoqué, à l'automne 1990, une tempête politique et singulièrement malmené les relations entre les deux pays. Ce livre, c'était celui signé par Gilles Perrault et intitulé *Notre ami le roi*[1].

Pour écrire les 367 pages de l'ouvrage, Gilles Perrault n'avait eu nul besoin d'aller enquêter au Maroc. La matière première était disponible, mélange de rapports des organisations non gouvernementales, de témoignages de défenseurs des droits de l'homme, de récits d'exilés politiques, de confidences d'une poignée de connaisseurs des arcanes de la monarchie[2]. Il suffisait de coudre l'ensemble avec habileté et talent pour alerter le grand public et lui dévoiler la face cachée de la monarchie marocaine : les enfants Oufkir devenus les masques de fer de la monarchie, les morts vivants de Tazmamart, l'enfer discret des Sahraouis... La charge était féroce, dure, parfois outrancière. Mais le but était atteint. Hassan II apparaissait sous un jour

1. Gilles Perrault, *Notre ami le roi*, Gallimard, 1990.

2. Christine Daure, qui avait obtenu quelques années auparavant de pouvoir épouser en prison Abraham Serfaty, a été la source d'information privilégiée de Gilles Perrault. Pour ne pas nuire à Abraham Serfaty, son nom n'était pas mentionné dans l'ouvrage. Il figurera en bonne place lorsque *Notre ami le roi* sera publié en édition de poche.

médiocre. Il était un homme cruel, sans foi ni loi, indigne d'être honoré par la France. « La grande leçon qui apparaît au fil du travail de Gilles Perrault, au fil des crimes sans vraie raison d'État ou des cruautés personnelles gratuites qu'il dévide, c'est que, finalement, Hassan II, s'il a été servi jusqu'ici par une chance inouïe [...] n'est pas le stratège que la terre entière, de Valéry Giscard d'Estaing à François Mitterrand, de l'académicien Maurice Druon à feu le milliardaire américain Malcolm Forbes, et des dizaines d'autres voix "autorisées" n'ont cessé de porter au pinacle depuis un quart de siècle », écrit Jacques de Barrin dans *Le Monde*. Et le journaliste qui rend compte de l'ouvrage d'ajouter : « Si Hassan II était un grand homme d'État, userait-il son temps, son énergie, son argent à garder dans des prisons plus qu'inhumaines des enfants ou des faibles ? [...] Chez "notre ami le roi" les passions sont souvent plus fortes que les intérêts[1]. »

Le résultat final fut un énorme scandale de part et d'autre de la Méditerranée, doublé d'un succès de librairie[2]. Au Maroc, tout se passait comme si personne n'avait rien vu venir. Pourtant, les autorités savaient, semble-t-il, qu'un ouvrage était en préparation. L'une des sources marocaines de Christine Daure-Serfaty avait vendu la mèche aux autorités.

---

1. *Le Monde*, 21 septembre 1990.
2. L'ouvrage a été vendu à plus de 200 000 exemplaires. Le premier surpris en fut Antoine Gallimard, l'éditeur, qui, au départ, ne croyait pas au succès d'un livre consacré à la dénonciation des atteintes aux droits de l'homme dans un pays étranger. C'est grâce à la pugnacité d'Edwy Plenel, journaliste au *Monde* et directeur de collection, qu'Antoine Gallimard accepta finalement de publier *Notre ami le roi*.

Quelque temps plus tard, le responsable d'un hebdomadaire panafricain édité à Paris allait alerter le ministre de l'Intérieur. Les Renseignements généraux français, de leur côté, avaient transmis un jeu d'épreuves, selon Driss Basri. Mais tout cela arrivait tard. L'ouvrage était presque en rayon dans les librairies.

Même si Hassan II et son ministre de l'Intérieur n'ont jamais lu *Notre ami le roi*, Rabat sait très vite à quoi s'en tenir. Il faut préparer une parade contre un livre auquel, le palais royal en est convaincu, le Quai d'Orsay a apporté son aide. L'accusation est fausse. Sinon Hubert Védrine, à l'époque patron de la diplomatie française, n'aurait pas été aussi sévère contre un ouvrage qu'il jugeait « irresponsable ». Il s'en est plaint à son auteur, Gilles Perrault[1].

Comme à leur habitude, les responsables marocains entendent régler le problème par l'argent. À Antoine Gallimard, Rabat propose dans un premier temps de mettre le livre au pilon en échange d'une confortable indemnisation financière, et pour la maison d'édition et pour l'auteur. Gilles Perrault croit se souvenir que la somme frisait 10 millions de francs. Le refus est sans appel. Il faut trouver autre chose. Driss Basri décide alors de se rendre à Paris et de demander à son homologue français, Pierre Joxe, de faire interdire l'ouvrage.

Les deux hommes, qui ont le même âge, se connaissent et se respectent. « Caractère difficile mais stature d'homme d'État », résume Basri à propos de Joxe qu'il tutoyait systématiquement. « Il a servi loyalement la

1. Entretien avec Gilles Perrault, novembre 2005. Quelques années plus tard, Hubert Védrine modifiera son jugement et reconnaîtra que le livre a permis de faire bouger la monarchie.

monarchie, mais avec des méthodes que je préfère ne pas qualifier[1] », lâche Joxe en haussant ses sourcils, qu'il a très fournis.

L'entrevue a lieu un soir de septembre à Paris, au domicile du ministre français qui a convié son homologue marocain à dîner en compagnie d'un collaborateur. Au moment de prendre le café, les deux hommes s'isolent. Basri n'y va pas par quatre chemins. Il évoque d'abord les intérêts des deux pays, parle de l'atteinte à l'image du roi Hassan II et donc à celle du Maroc, avant de demander que l'État français par voie administrative interdise la diffusion de l'ouvrage, comme il l'a fait pendant la guerre d'Algérie. « En fait, Basri était terrorisé. Il redoutait surtout la colère de Hassan II », se souvient de son côté Pierre Joxe.

Le ministre français promet de sonder Mitterrand, qu'il doit accompagner le lendemain dans un déplacement dans la capitale hongroise, et de contacter très vite Basri. Mais dans son esprit, il s'agit de noyer le poisson et de gagner du temps. « Je n'avais pas l'intention d'intervenir pour interdire le livre, dit-il, et je savais que Mitterrand partagerait mon sentiment. »

Driss Basri n'a rien à espérer des socialistes. Il en était convaincu depuis qu'au sommet de La Baule, en juin de la même année, le président Mitterrand avait réclamé une démocratisation des régimes du Maghreb et d'Afrique noire. Après La Baule, dans la voiture qui le ramenait de l'aéroport au palais, Hassan II avait glissé à son ministre de l'Intérieur : « Entre Paris et nous, ça va bientôt tanguer. Prépare-toi à une guerre d'usure avec les Français. »

« Le patron avait raison. La tempête est là », pense

1. Entretien avec l'auteur, juin 2006.

Basri lorsqu'il comprend que *Notre ami le roi* continuera à figurer en bonne place dans les librairies. Ne reste plus qu'à organiser la contre-offensive et à battre le rappel des « amis du Maroc » en France. Ils sont nombreux, surtout à droite, et ne demandent qu'à venir apporter un soutien bruyant et, pour certains, intéressé au roi.

Le premier à faire le voyage à Rabat est Jean-Marie Le Pen. Le dirigeant d'extrême droite, flanqué de responsables du Front national, a précédé toute la droite. Reçu en audience par le roi, il l'assure de sa sympathie, dénonce les médias français et le lobby antimarocain dont il a deviné la main derrière l'ouvrage de Gilles Perrault. Hassan II l'écoute sans intervenir. Il est ravi.

Le roi suit le parcours du chef de l'extrême droite depuis des années. Ce n'est pas un ami mais un allié. Dans ses diatribes, Jean-Marie Le Pen s'en prend à « l'invasion de la France par des immigrés ». Le chef de l'extrême droite ne veut pas d'une assimilation des populations maghrébines. Le roi du Maroc non plus, par crainte de perdre le contrôle de la communauté marocaine en France sur laquelle il veille jalousement. Hassan II est également convaincu qu'il a tout à redouter d'immigrés marocains acquis à la culture politique française, avec ses idées de démocratie, de défense des droits de l'homme.

À peine Jean-Marie Le Pen a-t-il quitté le Maroc que Jacques Chirac débarque. Le maire de Paris vient lui aussi soutenir dans l'épreuve son « ami le roi ». Il ne reste que quelques heures au Maroc, mais la nouvelle a vite fait de circuler comme prévu. Arrivé tôt le matin à Rabat, il repart le soir même. Entre-temps, il a vu le roi au palais de Dar es-Salaam et déjeuné au domicile du ministre de l'Intérieur. Comme s'il s'agissait de remercier Chirac pour son geste, Hassan II a invité ses cinq enfants à rejoindre le maire de Paris au domicile de Driss Basri. Le roi a également demandé à ce que le palais fournisse le repas servi à son hôte.

La procession n'est pas terminée. Dans le sillage de Le Pen et de Chirac suivent une kyrielle de députés et de sénateurs de droite. Les élus arrivent drapeau frappé d'une croix de Lorraine en tête de cortège et la poitrine barrée d'une écharpe tricolore. Eux aussi auront droit à une audience royale. Ils la compléteront par une cérémonie au mausolée où repose le père de Hassan II, Mohammed V, fait compagnon de la Libération par le général de Gaulle.

À Paris, pendant ces semaines voire ces mois de fièvre, les amis du Maroc s'agitent en tous sens. À l'Assemblée, un député interpelle le gouvernement sur « l'affaire Gilles Perrault ». L'Élysée est prié de s'expliquer et, pour faire bonne mesure, un appel est lancé en faveur de Hassan II. Charles Pasqua, Philippe Séguin, Alain Juppé, Yves Guéna figurent parmi les signataires. Ancien ministre centriste et maire de Rouen, Jean Lecanuet, lui, ne fait pas dans la demi-mesure. À une association qui avait prévu d'inviter l'auteur de *Notre ami le roi* à un débat, il refuse une salle municipale en raison de « possibles troubles à l'ordre public ». La réunion aura bien lieu mais dans une commune voisine dont le maire est communiste.

Dans les colonnes des journaux, les intellectuels amis montent en ligne pour dénoncer la « machination ». « De grâce, ne blessons pas les exceptionnelles relations entre nos deux pays, ne coupons pas les routes du paysage superbe de la coopération », supplie dans les colonnes du *Monde* Jacques Chancel, le directeur d'antenne de FR3, après avoir qualifié Gilles Perrault de « pamphlétaire fort habile aux coups assassins »[1]. Ce n'est pas le seul, loin de là, à mettre sa plume au service de la monarchie.

L'offensive vient aussi du Maroc, où le ministre de l'Intérieur fait feu de tout bois[2]. À la veille d'un Conseil des ministres à l'Élysée, Driss Basri fait remettre aux membres du gouvernement un dossier qui se veut une réponse argumentée au livre de Gilles Perrault. Faute de pouvoir joindre tous les ministres, le « grand vizir » a transmis à certains d'entre eux plusieurs exemplaires du document, à charge d'en faire profiter ceux qui ne l'auraient pas reçu. « Tu exagères », lui glisse François de Grossouvre, l'homme des missions secrètes du premier septennat de Mitterrand. Aux Marocains anciens combattants de la dernière guerre, Basri demande par ailleurs d'envoyer des télégrammes de protestation à l'Élysée. Les frais d'expédition sont pris en charge par les Postes marocaines.

Non, le ministre marocain ne fait pas dans la dentelle. Ni par ses actes ni par ses mots. « Il existe une conspiration des pays étrangers et des médias publics de ces pays avec certaines parties », affirme-t-il. Il ne cite pas la France, mais personne ne s'y trompe. C'est bien elle qui est visée. Comme en écho, dans un « message officiel » au Premier ministre Michel Rocard, son homologue marocain, Azzedine Laraki – autrement moins puissant dans les faits que son ministre de l'Intérieur –, stigmatise la « campagne de dénigrement du Maroc », entreprise « malveillante » ressentie par la

1. *Le Monde*, 15 novembre 1990.
2. À l'époque, Driss Basri cumulait le portefeuille de l'Intérieur et celui de l'Information.

communauté nationale comme une « offense majeure ». À son avis, « des moyens importants sont mobilisés pour que toutes les formes de médias répandent sur le Maroc contre-vérités et accusations mensongères ».

Le courroux marocain est d'autant plus vif qu'en cet automne 1990, une autre affaire vient s'ajouter au charivari politique créé par Gilles Perrault. Il s'agit du projet de Danielle Mitterrand d'aller visiter les camps de réfugiés sahraouis à Tindouf, dans le Sud algérien, en prenant prétexte de l'arrivée d'un convoi d'aide humanitaire.

Pour les Marocains, c'est ajouter une provocation à une insulte. La riposte suit : la première dame de France se voit accusée par la presse de Rabat de « ne pas aimer le Maroc » et de « se ranger aux côtés du Front Polisario, ramassis de renégats et de mercenaires ». Même l'ambassadeur de France au Maroc est de la partie. À son ministre, Roland Dumas, le diplomate Jean-Bernard Mérimée, décidément plus marocain que jamais, fait discrètement savoir qu'il démissionnera si la présidente de la Fondation France-Libertés persiste dans son projet. C'est le monde à l'envers.

Danielle Mitterrand ne persistera pas. Parce qu'elle est l'épouse du chef de l'État, le déplacement dans les camps de réfugiés est devenu une affaire d'État. Elle le sait, même si le président de la République, connaissant son indépendance d'esprit, n'a jamais évoqué le dossier avec elle. Elle va donc tout annuler, convaincue par Roland Dumas. Plus de visite à Tindouf, sa présence, *dixit* le patron du Quai d'Orsay, « pouvant colorer cette entreprise d'une signification politique ». Mais, pour sauver la face, Danielle Mitterrand inverse les rôles. Elle recevra dans les locaux de la Fondation l'épouse du secrétaire général du Front Polisario.

Dès lors, la diplomatie peut reprendre le dessus. Roland Dumas se rend à Rabat pour une mission de « clarification ». Il en revient rasséréné. Hassan II, dit-il, paraît « s'être satisfait » des « explications » que le ministre français lui a fournies. La meilleure preuve en est que le monarque, sur les conseils de Charles Pasqua, accepte de se faire représenter par le prince héritier aux cérémonies qui marquent le vingtième anniversaire de la mort du général de Gaulle. Un processus s'enclenche que ni les émeutes sanglantes de Fès et de Tanger, ni la nouvelle que trois Français, les frères Bourequat, sont détenus au secret à Tazmamart sans raison officielle depuis près de dix-huit ans, ne feront dérailler.

De part et d'autre, la volonté d'apaisement est évidente. Elle ne signifie pas l'oubli. La brouille franco-marocaine, vue de Rabat, a permis de faire le tri entre les « amis du Maroc » et les autres. La ligne de partage était tracée, que le temps n'allait pas effacer.

Antoine Gallimard allait en faire l'amère expérience. Six ans après la publication de *Notre ami le roi*, l'éditeur fut convié par les services culturels de l'ambassade de France à une manifestation dans le cadre du Salon du livre de Casablanca. Quelques heures après son arrivée au Maroc, l'éditeur de Gilles Perrault était interpellé par des policiers avant d'être expulsé le lendemain vers Paris. Le plus pitoyable dans l'affaire fut moins l'acharnement des autorités marocaines que l'attitude de l'ambassade de France. M. de Bonnecorse était à la manœuvre. Il mit toute son autorité dans la balance pour que les services de l'ambassade démentent qu'il y ait eu expulsion. Selon eux, il fallait attribuer l'incident à une sorte de dysfonctionnement bureaucratique : les Marocains auraient « oublié » d'enlever le nom de l'éditeur d'une liste ancienne de personnalités indésirables dans le royaume...

L'explication n'en était pas une mais elle avait le mérite de témoigner de la proximité toujours existante entre Paris et Rabat. C'était l'essentiel.

7.

Le club des « amis »

Mercredi 24 février 2004, 2 h 28 du matin. Un tremblement de terre secoue la région montagneuse d'Al-Hoceima dans le nord du Maroc. En quelques secondes, des milliers de maisons s'effondrent sur leurs occupants endormis. Le premier bilan des pertes humaines fait état de six cents morts, d'autant de blessés, et de milliers de sans-abri.

Les images des télévisions témoignent du dénuement des populations dans les zones rurales difficiles d'accès. Elles vivaient difficilement auparavant. Le séisme a détruit le peu qu'elles possédaient. Devant la lenteur des secours officiels, une chaîne de solidarité s'organise en provenance des autres régions du royaume comme des pays étrangers. L'Espagne achemine des ambulances, les États-Unis de la nourriture, la France des équipes de secouristes, l'Algérie des antennes de premiers soins... L'élan de solidarité est exemplaire et l'Europe tout entière vit à l'heure du drame marocain.

La troupe des « amis du Maroc » en France ne pouvait rester à l'écart du mouvement. Trois mois après le séisme, la cour des intellectuels s'ébranle à son tour pour la bonne cause. Ce ne sont pas des couvertures ou de la nourriture qu'offrent les thuriféraires de la monarchie, mais des mots, des tas de mots un peu ridicules, des phrases boursouflées couchées sur des « manuscrits originaux » dont les parrains de l'opération espèrent qu'ils trouveront acquéreurs lors d'une vente aux enchères organisée à Paris « au profit des victimes du tremblement de terre ». C'est Jacques Chancel, dont le micro était toujours ouvert pour recueillir la parole de feu Hassan II et rarement pour celle des opposants, qui donne le ton. « Depuis bientôt quarante ans, écrit-il, le Maroc est mon autre pays, ma lumineuse terre d'accueil. J'en ai toujours partagé les bonheurs et les souffrances. Je me veux près de vous, amis, j'apprécie votre dignité. » Et de conclure sur une promesse aux accents bibliques : « Je viendrai bientôt. » Bernard-Henri Lévy n'est pas moins inspiré qui lance, tel André Malraux : « Oui, bien sûr, ce Maroc que j'aime tant, auquel m'unissent tant de liens, liens d'enfance, liens d'aujourd'hui, amis de Marrakech et de Tanger, intellectuels, écrivains, femmes en marche vers l'égalité, simples gens, si beaux, si nobles, et hébétés de voir tous les fléaux du ciel et des hommes peser sur leurs épaules... Courage, amis. »

D'autres textes, moins grandiloquents, suivent, signés Tahar Ben Jelloun, Maurice Druon, Daniel Rondeau... Ils seront eux aussi mis en vente à l'hôtel Drouot avec des dessins originaux de couturiers qui ont trouvé leur inspiration au Maroc, tels Yves Saint Laurent ou Jean-Louis Scherrer.

Ainsi va la tribu des « amis du Maroc », prompte à se mobiliser avec ses bons sentiments et ses déclarations d'amour fou pour le peuple marocain en détresse. Les responsables du pays savent qu'ils peuvent n'importe quand sonner le rassemblement des troupes. L'important est de le programmer à Paris. Et de préférence dans les quartiers les plus huppés de la capitale. Il ne servirait à rien de donner rendez-vous dans une banlieue lointaine. Personne ne ferait le déplacement.

C'est donc dans les salons de l'hôtel Ritz, place Vendôme, que s'organise la solidarité. Elle prit la forme, il y a quelques années, d'un dîner de gala dont les bénéfices étaient destinés à l'acquisition d'un laboratoire mobile de diagnostic prénatal pour les Marocaines habitant loin des centres de soins. Il y avait du beau linge ce soir-là pour le « dîner de charité[1] » : le patron de la rédaction de TF1, Étienne Mougeotte, la styliste Agnès B, l'actrice Nadia Fares, ou encore Laetitia Halliday, l'épouse du chanteur dont Mohammed VI est un fan. Venu en voisin, Jacques Chirac avait passé une tête au moment de l'apéritif pour la photo de famille avant de s'éclipser. Son épouse Bernadette, en revanche, était restée pour le repas. Mohammed VI, surnommé le roi des pauvres au tout début de son règne, était absent, mais il avait eu la délicatesse d'envoyer au Ritz les cuisiniers du palais royal, une escouade de majordomes, un orchestre de femmes et sa sœur cadette, Lalla Hasna. Prix du couvert : près de 700 euros. Ce n'était pas donné. D'ailleurs, dans les faits, très rares furent les participants à payer leur écot. Les tables avaient été retenues par des entreprises, marocaines le plus souvent, françaises quelquefois, à charge pour elles d'en faire bénéficier qui elles souhaitaient distinguer. Défendre la bonne cause au Ritz sans bourse délier : que demander de mieux ?

À l'automne 2005, les Marocains d'adoption se sont retrouvés au Fouquet's, sur les Champs-Élysées. Le

1. Selon le mot de l'hebdomadaire *Jeune Afrique-L'Intelligent.*

prétexte en était le cinquantième anniversaire de l'indépendance du royaume, événement que les Marocains commémoraient en novembre et les Français en mars de l'année suivante [1]. Autour d'un buffet et d'un orchestre marocains, quelque trois cent cinquante personnes se sont donc retrouvées. Jacques Chirac en petite forme physique, son Premier ministre occupé à éteindre les foyers de révolte dans les banlieues de la région parisienne : deux des parrains de la monarchie manquaient à l'appel. À titre de lot de consolation, le gouvernement avait délégué deux ministres. Pas les « stars » du gouvernement, mais d'honnêtes ministres dotés de portefeuilles importants : le chef de la diplomatie française, Philippe Douste-Blazy, et Renaud Dutreil, en charge des Petites et Moyennes Entreprises, du Commerce et de l'Artisanat.

L'Assemblée nationale, le Sénat constituent d'autres lieux de rencontre particulièrement prisés par la petite communauté. Elle s'y retrouve à intervalles plus ou moins réguliers pour des colloques où l'on célèbre « l'amitié franco-marocaine ». Il est de bon ton en ces occasions de rappeler, comme le fit Dominique de Villepin, que « la France se tient résolument aux côtés du royaume et veut accompagner les grands chantiers de sa modernisation et de son développement ». Il est également recommandé de vanter le « partenariat stratégique » qui réunit les deux pays.

Le dernier de ces séminaires a eu lieu en novem-

1. La date choisie par les Marocains, le 18 novembre, renvoie à un discours où le roi Mohammed V, revenu de France deux jours plus tôt, après un exil de deux ans à Madagascar, annonce le début de l'ère de l'indépendance. Le traité d'indépendance du royaume a été signé le 2 mars 1956.

bre 2005. Il fut interminable et passablement ennuyeux de l'aveu des participants. Et pourtant, l'affiche était alléchante, qui réunissait, outre une poignée de ministres marocains, l'incontournable Jean Daniel, patron du *Nouvel Observateur*, venu en compagnie de Josette Alia, du même hebdomadaire, le journaliste Jean Lacouture, l'écrivain Érik Orsenna, l'ancien ministre Hubert Védrine, une poignée de députés de droite comme de gauche, et l'omniprésent Philippe Douste-Blazy[1].

« C'est bien d'avoir cette cour. C'est de la politique[2]. » Jugement d'expert. Celui qui s'exprime est Driss Basri. Écarté du pouvoir par Mohammed VI, il a été le parrain des « amis du Maroc ». Qui n'a-t-il pas accueilli dans sa résidence à Rabat ? À qui n'a-t-il pas fait visiter ses deux domaines agricoles offerts par Hassan II ? Francophile de cœur autant que de raison, l'ancien « vizir » est la mémoire de ces liens étroits qui unissent l'élite française et Rabat. Lui seul peut rappeler que des hommes comme l'ancien Premier ministre Raymond Barre ont prodigué des conseils à Hassan II, que Jean-Yves Haberer, naguère l'un des plus puissants banquiers de la place de Paris, Michel Camdessus, alors directeur du Fonds monétaire international, ont aussi été sollicités. Et que dire des juristes français. Le royaume en a fait travailler des kyrielles, du doyen Georges Vedel à Maurice Duverger en passant par le professeur Michel Rousset, le mentor du prince héri-

1. Jean Lacouture a été décoré du grand cordon du wissam alaouite par le prince Moulay Rachid à l'occasion de la commémoration du cinquantième anniversaire de l'indépendance du Maroc, comme une vingtaine d'autres personnalités.

2. Entretien avec l'auteur, mai 2004.

tier lorsqu'il était étudiant à Nice[1]. D'ailleurs, la première Constitution du royaume a été rédigée par un Français, enseignant en droit.

La galerie des « amis » serait incomplète si l'on ne rappelait que des hommes politiques de premier plan, des médecins réputés, des industriels fameux, des directeurs de journaux ou de radio connus, des académiciens célèbres en ont fait partie. Quelques-uns ont mis leur compétence, moyennant finances, au service du Maroc. Les autres se sont tout simplement laissé envelopper par la douceur du royaume comme si tout leur était dû : des vacances gratuites dans les plus beaux palaces, des billets d'avion en première classe, les meilleures places aux festivals de musique pour eux et leur épouse.

Ceux qui ont résisté sont rares. Michel Jobert était de ceux-là, fort d'un train de vie modeste qui le mettait à l'abri des tentations. Il a fait quelques émules, peu nombreux il est vrai : Michel Roussin qui, en bon gendarme, préfère arpenter le Maroc sac à dos plutôt que de fréquenter La Mamounia, ou l'ancien ministre Pierre Joxe, l'un des rares sinon le seul à avoir osé refuser, poussé par son épouse, l'invitation du roi Hassan II à un réveillon. Sur les conseils d'un ministre marocain, il s'excusera en faisant valoir – faux certificat médical à l'appui – qu'il souffrait de problèmes dentaires !

La petite famille ne fonctionne pas comme un club fermé. De nombreux membres la rejoignent au fil des colloques, des mondanités et, surtout, des visites au cœur du « nouveau Maroc » organisées par des lob-

1. Hassan II en voulait un peu à Maurice Duverger d'entretenir de bonnes relations avec l'opposant Mehdi Ben Barka.

byistes de talent. Des journalistes, des hommes politiques qui ignoraient tout du royaume en reviennent avec la foi du jeune converti.

L'une des dernières caravanes était résolument de gauche, autant dire progressiste. Dans ses rangs, Adeline Hazan, députée européenne, André Vallini, également député, Christophe Caresche, adjoint au maire de Paris, Jean-Claude Perez, premier secrétaire d'une fédération départementale du PS, enfin, Jean-Pierre Dufau, député des Landes.

On ignore ce que les élus socialistes pensaient du Maroc avant leur départ. Mais on sait ce qu'ils en disent aujourd'hui. Dans les colonnes d'une revue à la diffusion confidentielle, *Ensemble*, éditée en France avec le soutien d'entreprises marocaines, ils ont tiré les conclusions de leur voyage [1].

Que de louanges ! Que de compliments sous la plume des élus de gauche ! « Pourquoi ne pas le dire, nous ne nous attendions pas à trouver un ministre de l'Intérieur aussi ouvert, signe tangible que les choses changent, écrivent deux des invités. Certains de nos hommes politiques français auraient quelques leçons à recevoir [...]. Pourquoi ne pas le dire, nous avons été “bluffés” par la manière dont les principaux responsables de ce pays abordent les problèmes, en conscience des difficultés et des défis qui les attendent », concluent-ils.

De son côté, Mme Hazan est revenue convaincue de « la volonté des autorités de poursuivre le processus démocratique et d'ancrer le Maroc dans l'ère de la modernité ». Au dire d'un de ses collègues, Mohammed VI « cherche à construire un royaume du XXIe siè-

1. *Le Gri-Gri international*, n° 28.

cle qui sache marier tradition et modernité ». « Sous l'autorité du Roi – la majuscule s'imposait – la mise en œuvre de la démocratie accompagne le développement », jure l'élu des Landes.

À quoi attribuer tant de complaisance ? Comment expliquer une telle myopie ? L'un des parlementaires invités livre peut-être la clé lorsqu'il confie au détour d'une phrase qu'avant de retourner en France ils ont eu droit à une « courte escapade » à La Gazelle d'Or, à Taroudant, si appréciée par le couple Chirac. Qu'auraient écrit les députés s'ils avaient bénéficié d'une « longue escapade » à Taroudant ?

À la décharge des « nouveaux » avocats de la monarchie, il faut reconnaître que le manque de recul caractérise souvent les « amis du Maroc », quel que soit leur degré d'ancienneté au club. C'est une sorte de marque de fabrique. Qu'ils soient de droite ou de gauche, tous ont en commun de se poser en inconditionnels du royaume. Ils le défendent bec et ongles. En témoigne, par exemple, le cri du cœur de l'ancien ministre (socialiste) de l'Économie Dominique Strauss-Kahn, natif d'Agadir, lorsqu'il déclare : « C'est vrai que l'aide que reçoit le Maroc de la France est disproportionnée, comparée aux autres pays. Il y a deux poids deux mesures. Mais c'est bien de favoriser le Maroc[1]. » Son grand ami, le président de la Caisse des dépôts et consignations, Francis Mayer – un homme pourtant catalogué à droite –, ne dit pas autre chose[2]. « Le

1. Entretien avec l'auteur, juin 2005.

2. C'est le président de la République qui a imposé Francis Mayer à la tête de la Caisse des dépôts et consignations.

Maroc est le plus francophone et le plus francophile des pays. Et il est accueillant. Pourquoi se priver de l'aider ? s'interroge le premier banquier de France. Sur le Maroc il existe un consensus de la classe politique en France. » Et Francis Mayer de rappeler à titre d'exemple combien la réduction de la dette extérieure du royaume à l'égard de la France a été menée à bien en dépit des changements de majorité politique dans l'Hexagone. « Chirac l'avait voulue en 1995. Elle a été mise en œuvre à Bercy par un ministre de droite, Jean Arthuis, puis son successeur de gauche, Dominique Strauss-Kahn. Le Maroc est véritablement un sujet de consensus en période de cohabitation. »

Francis Mayer a raison. Le Maroc brouille les jugements et entretient la confusion parmi la classe dirigeante. La meilleure preuve en est le discours d'un Jean-Pierre Chevènement. On connaît l'homme et ses convictions politiques : républicain jusqu'au bout des ongles, laïque jusqu'à son dernier souffle. Et pourtant, interroge-t-on l'ancien ministre sur le Maroc de Mohammed VI – État théocratique où l'essentiel des pouvoirs est concentré entre les mains du monarque de par la Constitution – que ses convictions semblent s'être dissoutes en traversant la Méditerranée. « La monarchie structure le royaume depuis des siècles. Si elle devait disparaître, ce serait une catastrophe[1] », affirme-t-il. Et d'ajouter : « La monarchie contient l'islamisme. Commandeur des croyants, c'est une référence qui contraint à la discrétion les islamistes – une frange de barbus occidentalisés. » Comme d'autres, Jean-Pierre Chevènement a séjourné au Maroc à l'invitation de Hassan II. C'était au lendemain de l'accident

1. Entretien avec l'auteur, mars 2005.

opératoire qui faillit l'emporter à l'automne 1998. Pour sa convalescence, le ministre avait opté pour Belle-Île. Mais on approchait de la mauvaise saison. Le temps était à la grisaille au large de la Bretagne. Sur une suggestion de Driss Basri, l'autre ministre de l'Intérieur, Hassan II se fit un plaisir d'inviter M. Chevènement, qu'il appréciait, à se refaire une santé à La Gazelle d'Or au milieu des plantations d'agrumes. Ce que le ministre accepta volontiers. « Il a été le moins cher de nos invités. Aucun extra avec lui [1] », assure Driss Basri.

C'est une affaire entendue. Le clivage politique n'est pas le bon critère pour distinguer les uns des autres ces admirateurs. Tous ont pris fait et cause pour la monarchie, d'autant plus aisément d'ailleurs qu'elle s'incarne aujourd'hui dans la personne d'un monarque qui n'a pas encore eu à subir l'épreuve du feu. Quelle classification opérer alors pour voir un peu plus clair parmi les membres de la tribu ? Comment trier ?

On peut partir de critères plus matériels et distinguer ceux qui disposent d'un pied-à-terre – plus ou moins luxueux – dans le royaume et ceux qui n'en ont pas, ou pas encore. Dans la seconde catégorie, la gauche l'emporte haut la main avec, à tout seigneur tout honneur, Jack Lang, un client de longue date de La Mamounia à Marrakech, où on peut le croiser à l'occasion, traversant à grandes enjambées les salons du palace enveloppé dans un large peignoir de bain à la blancheur immaculée. Personnage ondoyant et

1. Entretien avec l'auteur, mai 2004.

controversé, Jack Lang à Marrakech ne pouvait pas ne pas susciter des histoires sulfureuses. Comme celle-ci, propagée par des chiraquiens à une époque – nous étions en 2002 – où il s'agissait de discréditer les proches de Lionel Jospin à quelques mois de l'élection présidentielle et où fut évoquée une brève arrestation dans une affaire de mœurs. *L'Express*[1] s'en fera l'écho tout en précisant que bien entendu, ajoutait l'hebdomadaire, « pas la moindre preuve » n'existait de cette accusation.

Élisabeth Guigou est une autre étoile de la gauche caviar dont la passion pour le Maroc brouille le jugement politique. Originaire du royaume, elle ne manque jamais une occasion d'y retourner, qu'elle soit invitée au Festival de musique de Fès ou au congrès du Parti socialiste marocain. L'ancienne ministre sait pouvoir compter sur de riches amis marocains à Ouarzazate. Martine Aubry est dans une situation voisine, elle qui n'a découvert que tardivement le Maroc. Et Jean Daniel aussi, qui a tissé au fil des années un réseau de relations tellement dense qu'il n'a que l'embarras du choix des hôtes lorsqu'il séjourne dans le royaume. Le directeur du *Nouvel Observateur* aime le Maroc, qui le lui rend bien. L'invite-t-on à Essaouira, l'ancienne Mogador, à discourir sur la culture méditerranéenne, et il accourt. Lui propose-t-on une rencontre informelle avec Mohammed VI, qu'il abandonne Tanger, monte dans l'avion mis à sa disposition par le palais et se précipite à Rabat. Observateur lucide sous des airs de commandeur vieillissant, Jean Daniel n'est pas dupe de ces jeux de cour, mais ne peut s'en détacher, trop sensible qu'il est aux plaisirs

1. *L'Express*, 22 septembre 2005.

sucrés du palais royal. Alors, l'éditorialiste de gauche s'égare. Il s'illusionne sur lui-même et prend pour de l'héroïsme ce qui n'est que du journalisme révérencieux. Les téléspectateurs se souviennent peut-être d'une fameuse interview de Hassan II à la télévision française où l'illustre directeur du *Nouvel Observateur*, épaulé par quelques complices de la profession, se résigna en décembre 1989 à évoquer – la mort dans l'âme et avec mille précautions oratoires – le sort de la famille Oufkir embastillée pour expier les crimes d'un père. « Il y a des gens qui vous aiment [...] et qui espèrent votre clémence [...], dit-il. Je crois savoir que des choses sont en préparation et, pour ne pas les compromettre, j'accepte de ne pas les citer, mais on espère le retour de certains enfants, de certains prisonniers... » Le monarque fut moins embarrassé que son interlocuteur pour lui répondre. Il balaya la question en demandant à Jean Daniel de ne pas « se prévaloir de [leur] amitié pour aller plus loin qu'il ne faut » !

À côté de ces oiseaux de passage qui, si l'on peut dire, nichent chez l'habitant, prospère l'autre catégorie, celle qui a pignon sur rue dans le royaume. Ces nantis privilégient en général Marrakech, la ville à la mode, de préférence à Tanger, Fès ou Essaouira. L'ancien patron du groupe Vivendi, Jean-René Fourtou, est de ceux-là. Il possède dans la palmeraie, à une dizaine de kilomètres de la vieille ville, une propriété digne des *Mille et Une Nuits*. « Treize hectares de terrain, neuf chambres avec salle de bains, douze domestiques, une piscine chauffée de 200 mètres carrés [...]. Construite il y a cinq ans, sa propriété, baptisée Dar el-Sadaka (la maison des bienfaiteurs), vaudrait aujourd'hui entre 4 et 5 millions d'euros[1] », écrit le magazine économique *Capital* au terme d'une enquête fouillée sur le successeur de Jean-Marie Messier.

Dominique Strauss-Kahn, lui aussi, est attaché à la ville ocre même s'il est né plus au sud, à Agadir, qu'il a dû quitter très jeune, au lendemain d'un tremblement de terre, pour Casablanca. « Anne [Sinclair, son épouse] possédait une maison à Valbonne, dans le midi de la France. Les enfants n'y allaient plus. Elle l'a revendue pour acheter il y a cinq ans un riad au cœur de Marrakech, raconte l'ancien ministre. Tout était à refaire. Il n'y avait ni eau ni électricité. Aujourd'hui, c'est parfait. On y va l'été quand il fait très chaud. Il faut séjourner dans les villes lorsque leurs caractéristiques sont maximales. Marrakech, c'est ma base arrière. »

Dominique Strauss-Kahn appartient à la catégorie des inconditionnels du Maroc. Animé de la foi des jeunes convertis, l'ancien ministre s'est lancé il y a deux ans dans l'apprentissage de l'arabe : arabe classique à l'écrit ; dialecte marocain à l'oral. « C'est dur », confie-t-il. De fait, dans les bureaux qu'il occupe à deux pas de l'Assemblée nationale, à Paris, les lettres de l'alphabet arabe écrites sur un tableau témoignent de la lenteur des progrès. « Anne se débrouille mieux que moi[2] », admet l'ancien ministre.

Toujours à Marrakech, trône l'écrivain Bernard-Henri Lévy. Le mot « trône » s'impose ici, car le riad de BHL, le palais de la Zahia, est voisin d'un autre palais, le plus récent de ceux dont dispose Mohammed VI dans le royaume. Riad immense, caché dans

1. *Capital*, février 2005.
2. Entretien avec l'auteur, juin 2005.

la partie la plus ancienne de la médina, à deux pas de l'hôtel La Mamounia. Riad chargé d'histoire que des Occidentaux au portefeuille bien garni se repassent au fil des générations. Paul Getty Junior – l'homme le plus riche des États-Unis, disait-on – a été le premier de la liste, qui a cédé le riad à une comtesse née La Rochefoucauld avant son rachat par le couple star des années soixante, Alain Delon et Mireille Darc. Bernard-Henri Lévy est venu ensuite.

À dire vrai, BHL n'est plus un inconditionnel de Marrakech, qu'il a tendance à déserter avec ses amis – dont l'écrivain et chroniqueur Jean-Paul Enthoven – au profit de Tanger. Car notre homme possède aussi depuis trois ans une splendide maison dans le quartier le plus huppé de la ville, non loin, cette fois encore, d'un autre palais royal. Le panorama qui embrasse le port en contrebas y est splendide. Par beau temps, on distingue l'Espagne dans le lointain.

À peine installé à Tanger, le premier soin de l'époux d'Arielle Dombasle a été de poster un gardien et d'installer une barrière à l'entrée de l'impasse qui conduit à son petit palais. Sans doute s'agissait-il de sauvegarder la quiétude du lieu, de sorte que le maître de céans ne soit pas dérangé par le bruit des taxis de la ville.

Il restait à BHL à se prémunir du regard des clients du café Hafa, un établissement célèbre où depuis près d'un siècle se mélangent Marocains et touristes de passage. Le café a l'inconvénient de surplomber légèrement la maison de BHL. L'écrivain a donc fait édifier au printemps 2003 un mur privant du même coup les habitués du café Hafa de toute vue plongeante sur la baie de Tanger. La construction n'était pas achevée que les associations locales se mobilisaient et réclamaient l'interruption des travaux. La presse se saisit de l'affaire et parla de saccage du paysage. L'affaire fit grand bruit, jusqu'à contraindre BHL à recevoir les défenseurs du patrimoine local. Il les écouta, les assura de sa compréhension, dit partager leur souci esthétique. Bref, il avait calmé son monde, mais sans pour autant faire interrompre les travaux.

Le mur est terminé. BHL peut jouir en paix du paysage. Peu lui importe que ce genre de comportement alimente le ressentiment des habitants de Tanger et contribue à grossir les rangs des islamistes, déjà très influents dans la ville.

8.

Des intérêts très partagés

Les « amis du Maroc » accompagnent et illustrent une politique décidée en haut lieu, à l'Élysée. Ainsi, depuis trente ans, un fil inattendu court de Valéry Giscard d'Estaing à François Mitterrand et à Jacques Chirac, qui fait qu'aucun d'entre eux ne remet en question la politique marocaine menée par son prédécesseur. Or cette politique fait la part belle à une puissante coalition d'intérêts de toutes sortes.

L'importance des relations personnelles a toujours pesé. Passée la déception consécutive à la défaite de son « ami » Giscard, Hassan II eut l'habileté de se rapprocher de Mitterrand au point d'arracher au président la promesse (jamais tenue) que la France lui fournirait une centrale nucléaire. Le roi du Maroc avait compris que les rodomontades des responsables de la gauche française, les effets de manche à la tribune du Parti socialiste n'engageaient en rien le président de la République, sensible à une certaine continuité de l'histoire. Avec Hassan II, descendant d'une dynastie vieille de treize siècles, plus ancienne que celle installée sur le trône d'Angleterre, il était servi.

Avec Chirac ce fut une autre histoire. Soit parce que

Hassan II avait été son mentor en matière diplomatique, soit parce que le monarque alaouite lui avait rendu d'éminents services dans la conquête du pouvoir, le président français se sentait redevable. Il était l'obligé du roi. De sorte qu'une fois parvenu à l'Élysée, il n'a pas marchandé son aide au trône alaouite jusqu'à se faire, Hassan II disparu, l'avocat intransigeant des intérêts marocains. Ce faisant, il ne faisait que respecter la promesse faite à son « parrain », venu une dernière fois à Paris le 14 juillet 1999 davantage pour lui recommander le Maroc et la famille royale que pour assister au traditionnel défilé militaire sur les Champs-Élysées.

Mais l'exception marocaine tient aussi à quelques chiffres qui montrent combien l'économie locale est entre des mains françaises. Paris est de loin le premier partenaire commercial du royaume et son premier investisseur étranger. À elle seule, la France investit autant que tous les autres pays étrangers réunis, qu'il s'agisse du secteur bancaire, de l'immobilier, du tourisme ou de l'industrie. Trente-huit des quarante entreprises qui forment le CAC 40, l'indice boursier, sont présentes dans le royaume, de Total à Saint-Gobain, d'Alcatel à la Société Générale. Pour faire bonne mesure, il convient d'ajouter l'armada des petites et moyennes entreprises qui prospèrent au Maroc. Elles sont plus d'un demi-millier qui font travailler quelque soixante-cinq mille personnes. Aucun autre pays étranger n'est aussi fortement implanté dans le royaume[1].

Le résultat en est que des pans entiers de l'industrie

1. Données issues d'une étude de la mission économique de l'ambassade de France au Maroc d'octobre 2005.

marocaine sont sous contrôle français. C'est vrai de l'hôtellerie (Accor), des cimenteries avec le groupe Lafarge, du secteur de l'assemblage automobile (Renault), des télécommunications (Vivendi), de l'environnement (Suez)...

À égrener les chiffres, les listes d'entreprises, les positions prises par les uns et les autres, finit par s'imposer l'idée que l'industrie tricolore se retrouverait en fâcheuse posture si d'aventure le royaume se refermait sur la France. En abandonnant le Maroc, Paris perdrait un marché essentiel de quelque trente millions de consommateurs, et une base pour conquérir des marchés à l'exportation. D'où l'appui de la France politique à Rabat ?

La vision est commode, caricaturale, et surtout erronée. La France est un partenaire essentiel pour le Maroc, alors que l'inverse n'est pas vrai. Le royaume pèse en effet de peu de poids dans la vie économique française. Son rôle est marginal. Certes, la France peut se prévaloir d'être le premier client et le premier fournisseur du royaume, mais le Maroc n'est que le dix-neuvième client de l'entreprise France et son vingt-deuxième fournisseur[1]. Vu de Paris, l'Algérie est un client et un fournisseur autrement plus significatif.

Une conclusion identique vaut pour les investissements dans le royaume. Les statistiques placent la France à la première place pour le montant des investissements étrangers au Maroc. Mais les montants en jeu sont faibles, pour ne pas dire dérisoires[2]. Avec

1. Selon les statistiques les plus récentes, du premier semestre de 2005.

2. 4,621 milliards de dirhams, soit moins d'un demi-million d'euros environ pour 2004.

moins de 1 % du total, le royaume n'arrive qu'en vingtième position des pays où la France investit. La Hongrie et le lointain Mexique font davantage recette.

Si le royaume n'est pas le partenaire stratégique que les responsables politiques français n'ont de cesse de célébrer, il n'en reste pas moins pour certains groupes français « un pays à forte marge », selon l'expression d'un haut fonctionnaire. En clair, une vache à lait que l'on peut traire sans vergogne.

Un exemple révélateur est celui de Vivendi Universal. Lorsque fin 2000 le groupe, à l'époque dirigé par Jean-Marie Messier, se porte candidat au rachat de 35 % de Maroc Telecom, la plus importante entreprise du royaume en cours de privatisation, personne ne comprend pourquoi la firme française a présenté une offre si généreuse. Elle a accepté de surpayer l'acquisition de 10 % environ, alors qu'elle était seule en lice après le retrait de tous les autres concurrents. C'était presque de la philanthropie.

L'explication sera connue plus tard, lorsque éclatera le scandale des « années Messier ». Les autorités boursières françaises et américaines découvrent alors qu'un avenant secret au pacte d'actionnaire avait été conclu entre l'État marocain et Vivendi Universal, qui assurait à celui-ci, actionnaire minoritaire, le contrôle effectif de Maroc Telecom alors même que les autorités marocaines détenaient toujours plus de 51 % de l'entreprise. L'avenant est explicite, qui précise : « Le royaume se porte fort que deux de ses représentants au conseil de surveillance voteront dans un sens identique à celui des représentants de Vivendi. » Retrouvé par les gendarmes de la Bourse, un courriel du directeur financier de Vivendi à ses collaborateurs éclaire l'enjeu. Daté du 19 décembre 2000 – donc la veille de la présentation de l'offre –, il est on ne peut plus explicite : « Il est absolument essentiel que notre offre pour l'acquisition de Maroc Telecom nous permette de consolider globalement les 700 millions de dollars de l'excédent brut d'exploitation. »

Inutile de s'appesantir sur le chiffre. L'important est de retenir que les dirigeants du groupe Vivendi Universal, en petite forme financière à la Bourse à cause de ses résultats calamiteux, ont obtenu par un tour de passe-passe secret de pouvoir donner des couleurs aux comptes de la maison mère grâce à l'argent de la filiale marocaine. Interrogé par les enquêteurs, le directeur financier du groupe français va reconnaître que la prime versée par Vivendi valait en fait contrôle sur Maroc Telecom. « Il y a eu un surprix de 10 % [...] en échange de l'octroi des pouvoirs de décision sur la stratégie de l'entreprise », confirmera-t-il.

Une question demeure, pour la petite histoire. Pourquoi les responsables marocains ont-ils accepté de céder le contrôle de Maroc Telecom à un actionnaire minoritaire ? Parce que l'État avait des problèmes de fin de mois, répond le directeur financier de Vivendi qui, dans ses déclarations, présentera André Azoulay comme le cerveau de l'opération. « C'est M. Azoulay qui a mené l'opération. Le sauvetage du budget marocain était son véritable objectif, cette privatisation représentant 2 à 3 % du PIB [produit intérieur brut] du Maroc[1]. » Et c'est ainsi qu'un groupe industriel français a permis au Maroc de boucler cette année-là son budget en échange d'une liberté absolue

1. *Le Journal hebdomadaire* a publié une enquête détaillée et fort bien informée sur les dessous de l'affaire Maroc Telecom dans son édition du 13 au 19 mars 2004.

sur la gestion d'un des fleurons de l'industrie marocaine. Et sur ses bénéfices.

Depuis cet épisode, Vivendi s'est redressée au prix d'une sérieuse cure d'amaigrissement. Nombre d'actifs étrangers ont été cédés mais pas Maroc Telecom, l'un des opérateurs téléphoniques les plus rentables au monde. Au contraire, puisque Vivendi, en dépit de ses problèmes financiers, a fini par prendre le contrôle majoritaire de sa filiale, désormais cotée à Paris et à Casablanca. En un an, son cours a grimpé de près de 15 %. La filiale dégage des bénéfices substantiels qui remontent jusqu'à la maison mère. C'est tout ce qui lui est demandé.

La saga de Maroc Telecom est sans doute un exemple caricatural du déséquilibre des relations entre l'État marocain et un grand groupe industriel français. Elle illustre que les intérêts du royaume pèsent de peu de poids face à la puissance d'une multinationale. Ainsi, il serait instructif de connaître le montant des bénéfices que le groupe Bouygues retire de ses grands chantiers dans le royaume. Hassan II lui avait confié sans appel d'offres la construction de la fameuse mosquée de Casablanca – la deuxième au monde par la hauteur de son minaret[1]. Son fils s'est adressé au groupe français pour créer de toutes pièces un nouveau port à Tanger. En termes de chiffre d'affaires, le royaume pèse peu dans les comptes de Bouygues ; si l'on parle profits en revanche...

Le Maroc, pays des passe-droits ? C'est aussi ce qui se murmure dans le secteur du tourisme, où un

1. Et il s'apprêtait à donner à Bouygues le contrat pour une première ligne de métro à Casablanca. La disparition de Hassan II a fait capoter le projet.

groupe français a obtenu dans des conditions on ne peut plus avantageuses la location-gérance d'un des palaces marocains les plus célèbres et les plus rentables. La transaction, une fois encore, s'est faite de gré à gré sans le moindre appel d'offres international.

Au Maroc, les firmes françaises ont la conviction d'être en terrain conquis. Quelques pots-de-vin distribués à droite à gauche et, pensent-elles, l'affaire est dans le sac. C'est presque toujours vrai. Mais encore faut-il ne pas trop tirer sur la corde... EdF, qui avait soumissionné il y a quelques années pour la construction et l'exploitation d'une centrale thermique, l'a appris à ses dépens. L'offre déposée par le groupe français n'était pas la plus attractive, mais EdF pensait l'emporter grâce au soutien politique venu de Paris. Mauvais calcul : en fin de compte, c'est un consortium amené par les Américains qui allait être retenu pour des raisons de prix.

L'influence du lobby industriel français au Maroc ne doit pas être sous-estimée. Il pèse sur le politique et sur les relations franco-marocaines. Lorsque le groupe Accor cherchait à s'implanter dans le royaume, c'est le chef de l'État français qui lui a ouvert la voie en jouant les entremetteurs auprès du roi. « Jacques Chirac avait eu l'amabilité de me présenter à feu Hassan II comme étant son hôtelier préféré », écrit l'un des cofondateurs d'Accor dans un livre de souvenirs. La suite, on la connaît...

Un autre élément à prendre en compte pour comprendre la spécificité des relations entre Paris et Rabat est l'existence d'une forte communauté marocaine dans l'Hexagone. Riche de plus de huit cent mille personnes, avec des points forts en région parisienne, elle est fille des « trente glorieuses » et de la reconstruction de la France au lendemain de la Seconde Guerre mondiale[1].

La communauté marocaine a toujours été l'objet d'une attention soutenue du palais royal. Hassan II se méfiait des Marocains installés en France. Il redoutait la contagion des idées progressistes par leur intermédiaire. Le roi était donc favorable au communautarisme, qu'il concevait comme une protection pour le trône alaouite. Moins il y aurait d'échanges entre les immigrés marocains et les Français, et plus le trône alaouite serait à l'abri. Le calcul était habile, d'autant qu'il s'accompagnait de mesures de contrôle de la communauté immigrée par le biais d'associations, dont l'Amicale des travailleurs et commerçants marocains, généreusement dotée ; par le biais surtout du réseau des mosquées. Plus de la moitié d'entre elles sont aujourd'hui contrôlées par la communauté marocaine et, comme le dit Abdelali Mamoun, l'imam de Mantes, en banlieue parisienne : « Quand vous gérez un lieu de culte, vous gérez la communauté qui est derrière. »

À la rentrée des classes de 1989, l'affaire des foulards de Creil, en banlieue parisienne, a illustré la mainmise du palais royal sur les Marocains installés en France. Au départ, trois adolescentes musulmanes se voient interdire d'assister aux cours la tête couverte. Elles refusent de le retirer. Une polémique s'ouvre, qui très vite trouve un écho au sein de l'Éducation nationale et dans le monde politique. Le Conseil d'État est saisi. Le ministre de l'Éducation nationale, Lionel Jospin, aussi.

Qui va régler le dossier finalement ? Hassan II en

1. La moitié disposerait de la double nationalité.

personne ! Il va apaiser les passions en imposant aux jeunes filles de retirer leur foulard. « Quand je leur ai demandé, en tant que père de famille, par l'intermédiaire de mon ambassadeur, de vouloir bien cesser toute cette affaire dont elles étaient à l'origine sans le vouloir, elles ont bien compris, et leurs parents aussi », racontera le roi au cours de l'émission *L'Heure de vérité*, sur Antenne 2, où il était invité.

Vingt ans après l'affaire des foulards, la politique de Rabat demeure. Le palais continue à surveiller de près la communauté marocaine. Un système de quadrillage de la population immigrée existe en banlieue parisienne, qui ne diffère pas dans ses principes de celui qui est en vigueur dans le royaume. Pour les services de renseignement français, c'est pain bénit. À l'affût d'informations dans leur lutte contre l'islamisme politique, ils tiennent là une source d'information exceptionnelle. D'où les liens étroits que la DST (Direction de la surveillance du territoire) entretient avec son homologue marocain [1].

Les affaires de terrorisme contribuent aussi à rapprocher Paris et Rabat. C'est un élément nouveau. Pendant des années, Hassan II avait accrédité l'idée que le royaume était à l'abri des « fous de Dieu » et que le Maroc n'était ni l'Algérie des « barbus » ni l'Iran des mollahs. Le statut de Commandeur des

1. Une politique identique de sous-traitance a longtemps été mise en œuvre avec Alger et Tunis, les services de renseignement français travaillant avec leurs homologues algérien et tunisien à la surveillance des ressortissants maghrébins sur le territoire français.

croyants dont s'était paré le roi valait la meilleure des assurances. Au début du règne, Mohammed VI a repris le discours à son compte : « Certains hauts personnages ont délibérément grossi la bulle islamiste. [...] Je ne vois vraiment pas où est la menace islamiste ! Je me promène dans mon pays, je vais où je veux, quand je veux, sans aucun problème. Je n'ai pas augmenté l'effectif de ma sécurité... Ici, les gens qui ont envie d'être barbus ont le droit de porter la barbe, les femmes qui ont envie de se voiler le visage en ont le droit[1] (...) », confie-t-il à la journaliste Anne Sinclair.

La vision angélique a volé en éclats le 16 mai 2003 avec les attentats suicides de Casablanca. Ce soir-là, des commandos de jeunes islamistes s'attaquent à cinq cibles dans un mélange de rigueur et d'improvisation. Le bilan est lourd : quarante-quatre morts, dont trois Français, et une centaine de blessés[2].

Les opérations ont été conçues par des professionnels. Le passage à l'acte abandonné à des amateurs issus des bidonvilles de l'agglomération casablancaise. La synchronisation a été remarquable. Les cinq attentats se sont succédé à moins d'une heure d'intervalle alors que les cibles étaient distantes de plusieurs kilomètres les unes des autres. Dans tous les cas, ils ont été commis par des kamikazes porteurs d'explosifs à la ceinture ou dissimulés dans des sacs à dos de voyage.

Mais les erreurs de reconnaissance, les mauvaises informations, l'ignorance du calendrier ont grippé la machine à tuer et fait que le bilan, même s'il est lourd, est heureusement resté limité. Plus d'une centaine de

1. *Paris Match*, 31 octobre 2001.

2. Dans les quarante-quatre morts sont inclus les onze kamikazes.

personnes ont échappé à la mort le soir du drame. Le kamikaze auteur du premier attentat, dans l'ancienne médina, connaissait mal les lieux. S'il visait l'ancien cimetière juif, il a fait exploser son engin à quelques dizaines de mètres de sa cible. Ceux qui se sont attaqués au Cercle de l'alliance israélite, un club fréquenté par des centaines de juifs et de non-juifs certains soirs, ignoraient qu'il était fermé le vendredi soir, début du shabbat. Ils ont détruit un bâtiment vide, tué le gardien et, peut-être, un policier en faction.

Ils ont également échoué devant un autre restaurant, Le Positano, propriété de juifs marocains, situé en face du consulat général de Belgique. La vigilance du gardien, qui a interdit l'entrée à l'un des terroristes sous prétexte qu'il était mal habillé, a évité le drame. Deux des terroristes se sont donné la mort devant l'entrée du restaurant, bondé ce soir-là. Le troisième a fui avant de se faire sauter quelques mètres plus loin pour ne pas tomber vivant aux mains de ses poursuivants.

Un drame voisin s'est déroulé devant l'entrée de l'hôtel Farah, un établissement de plusieurs centaines de chambres. Là aussi, le sang-froid d'un agent de sécurité (tué ainsi qu'un bagagiste) a empêché les kamikazes de pénétrer à l'intérieur. L'entrée de l'hôtel a été sérieusement endommagée par les explosions, mais on est passé à deux doigts d'un carnage, eu égard à l'affluence dans le hall et les restaurants.

En revanche, une catastrophe a eu lieu à La Casa de España, un restaurant à ciel ouvert, plein à craquer au moment du drame. Les tables calcinées, les nappes en charpie, les chaises renversées, les traces de sang sur les murs allaient dire le drame qui s'était joué sur place où trois kamikazes avaient opéré. « J'ai entendu deux explosions. Ensuite, j'ai aperçu une grande flamme jaune, et des gens qui criaient partout », racontera un religieux espagnol, le père Manuel, dont l'église jouxte La Casa de España. Plus de la moitié des morts se trouvaient dans le restaurant.

Depuis, l'opinion publique a découvert avec effroi que les Marocains n'étaient pas immunisés contre l'islamisme radical. Eux aussi ils ont leurs « fous de Dieu » qui sévissent dans le royaume ou à l'étranger. Une poignée de noms de Marocains avait été citée dans l'enquête sur les attentats du 11 septembre 2001 aux États-Unis. D'autres surgissent par la suite. C'est un Marocain, Mohammed Bouyeri, qui assassine à Amsterdam en novembre 2004 le réalisateur néerlandais Theo Van Gogh. Ce sont des Marocains qui sont appréhendés en Italie alors qu'ils préparaient une série d'attentats terroristes. Il y a surtout, le 11 mars 2004, les attentats de Madrid dont on apprendra quelques jours plus tard qu'ils furent l'œuvre de jeunes Marocains installés de longue date en Espagne. Leur chef présumé, Jamel Zougam, était également marocain.

Des milliers d'islamistes présumés ont été incarcérés depuis les événements de Casablanca. Des centaines d'entre eux sont passés en jugement devant les tribunaux et plusieurs dizaines ont été condamnés à la peine capitale [1]. Pas un mois ne se passe désormais sans que Rabat annonce le démantèlement d'une nou-

1. Les condamnations à mort ne sont plus exécutées depuis plus d'une dizaine d'années.

velle cellule islamiste. À chaque fois se pose la question de la véracité de l'information.

Mais quelle que soit la réponse, la position française demeure la même. Pour Paris, le Maroc reste un pays à part, couvé comme pas un, défendu comme nul autre, à qui l'on pardonne tout sans rien exiger en retour. Étrange relation en vérité, dont on peut se demander si elle va continuer à s'épanouir avec Mohammed VI.

Ce n'est pas acquis. Le roi actuel n'entretient pas avec l'ancienne puissance coloniale les relations étroites qui furent celles de son père, voire de son grand-père. Elles sont beaucoup plus lâches. Étudiant, il n'est pas passé par l'université française[1]. Prince héritier, il avait eu la dent dure contre les Français à qui il reprochait leur racisme. À son père il avait d'ailleurs déconseillé avec véhémence d'accepter l'invitation de Jacques Chirac d'assister au défilé du 14 Juillet 1999 à Paris dans la crainte – infondée – de manifestations d'hostilité.

Mohammed VI est davantage attiré par le modèle culturel américain. La musique, le cinéma, le mode de vie, l'incognito assuré... Tout ce qui vient d'outre-Atlantique le séduit. Or, ce tropisme intervient à une période clé, celle où les États-Unis avancent leurs pions au Maghreb en général et au Maroc en particulier. Faut-il rappeler que c'est le secrétaire d'État Colin Powell – et non Jacques Chirac – qui fut l'arbitre du conflit entre le Maroc et l'Espagne à propos de l'îlot Persil ? Que la clé du dossier du Sahara occidental se trouve entre les mains de la diplomatie américaine et

1. Il a bien étudié à Nice, mais ses professeurs se rendaient plus souvent au Maroc qu'il ne venait dans le midi de la France.

non française ? Que Washington a conclu en 2003 avec Rabat un accord de libre-échange, en vigueur depuis le 1er janvier 2005, qui a mis en émoi les autorités françaises ?

On ne compte plus les déclarations de responsables américains pour tresser des couronnes au Maroc et à son roi. Leur nombre, leur chaleur sont tels que le royaume est catalogué parmi les alliés privilégiés de Washington au sein du monde arabo-musulman. D'où les rumeurs qui rangent le Maroc parmi les pays à qui les États-Unis sous-traitent volontiers les interrogatoires de terroristes présumés ; ou celles qui font du royaume la destination des fameux vols secrets de la CIA dont les pays européens ne voudraient plus.

Dans ses efforts pour empêcher les États-Unis de trop marquer de points au Maroc, Chirac dispose depuis peu d'un allié de taille : l'Espagne du Premier ministre José Luis Zapatero. Pour Paris comme pour Rabat, ce fut une divine surprise de voir les socialistes espagnols revenir au pouvoir. Les deux capitales appréciaient peu Aznar et son nationalisme sourcilleux. Avec son successeur ils ont découvert un social-démocrate on ne peut mieux disposé à l'égard du trône des Alaouites. L'Espagne de Zapatero a mis un bémol à son soutien à la cause sahraouie. Elle ne tient pas rigueur au Maroc pour la façon musclée dont le royaume s'est débarrassé des émigrés clandestins autour de Ceuta et Melilla. La nouvelle Espagne est oublieuse, accommodante et généreuse.

Chirac peut respirer. Il n'est plus le seul en Europe à défendre la monarchie. Dans sa croisade pro-marocaine, il compte un allié de poids avec qui Paris travaille main dans la main. En août 2005, lorsqu'un nouvel accord de pêche est signé entre l'Union européenne et le Maroc, le document inclut, au grand dam du Front Polisario, les côtes du Sahara occidental. Les pays scandinaves demandent qu'une phrase vienne préciser que l'accord ne présume en rien du statut final du Sahara occidental. Paris et Madrid se contentent de faire semblant de les écouter.

Quatre mois plus tard, nouvelle escarmouche. Les mêmes pays scandinaves de l'Union européenne réclament que dans le document présenté au sommet euro-méditerranéen de Barcelone figure une référence au principe d'« autodétermination » pour le Sahara occidental. Peine perdue. L'Espagne obtient le retrait du mot honni par les Marocains.

À la même période, une autre passe d'armes a lieu lors de la préparation du conseil d'association qui doit réunir les ministres de l'Union européenne et ceux du Maroc. Cette fois encore, la Suède, épaulée par les pays scandinaves et l'Irlande, exige que les entraves à la liberté de la presse au Maroc figurent au menu de la rencontre. Deux journalistes venaient d'être incarcérés. Et cette fois encore, Madrid réussit à faire échouer la manœuvre avec l'appui de la diplomatie française.

Le tandem franco-espagnol fonctionne à merveille et ne donne aucun signe d'essoufflement. Une preuve supplémentaire en a été fournie en décembre 2005 lorsque la ministre française déléguée aux Affaires européennes, Catherine Colonna, et son homologue espagnol se sont rendus de concert au Maroc. Pour cette première diplomatique, les deux responsables n'ont pas marchandé leur soutien au régime. « Notre avenir dépend beaucoup de la prospérité et de la stabilité du royaume du Maroc, car la stabilité et la prospérité du Maroc, ce sont aussi celles de l'Europe », a dit le responsable espagnol. Le Maroc, « pays le plus européen de la rive sud de la Méditerranée [...], partage nos valeurs », a-t-il ajouté. La ministre française a renchéri : « Notre avenir est commun [...]. Une partie de notre avenir, de notre stabilité et de notre prospérité se joue également dans la relation entre l'Union européenne et le Maroc[1]. »

Que penser d'un tel unanimisme, sinon qu'il mélange le vrai et le faux ? Le vrai, c'est que le destin des pays européens et celui du Maroc – comme des autres pays de la rive Sud de la Méditerranée – sont liés. Il est urgent d'œuvrer pour que la frontière entre Ceuta et Melilla d'une part, le Maroc de l'autre – c'est-à-dire entre le Maroc et l'Europe – ne soit plus la plus inégalitaire du monde. En revanche, exalter les valeurs partagées est une erreur. La société marocaine est riche et diverse. Elle fait cohabiter une frange de la population acquise à l'Occident et à ses valeurs et des islamistes tentés par un retour à la cité idéale d'antan. Entre les deux se déploie un arc-en-ciel d'opinions où la religion compte pour beaucoup. La tâche de la France est moins d'imposer son modèle que d'accompagner celui qui finira par s'imposer.

1. Déclaration commune d'Alberto Navarro et Catherine Colonna à Rabat, 4-5 décembre 2005.

9.

Monsieur Raymond au palais royal

La proximité entre deux États, au-delà des intérêts, tient aussi aux rencontres les plus improbables. À quoi les doit-on ? À peu de chose assurément. Dans le cas de Raymond Sasia, l'envie du roi Hassan II de s'éclipser d'une cérémonie officielle pour fumer une cigarette a été ce déclic qui change la donne et bouscule la vie. Il y a un avant et un après. Avant, Raymond Sasia ignorait tout du Maroc, de son roi, des jeux d'ombre et de lumière de la cour ; après, tout change. Le même homme devient un personnage d'importance. Il constitue une pièce essentielle dans le puzzle des relations entre la France et le Maroc. Son nom n'apparaît jamais. Peu de gens soupçonnent son influence. Et pourtant il va appartenir progressivement au premier cercle du roi Hassan II, auquel il a plus facilement accès que n'importe quel ministre. Pendant près de trente ans, il n'est pas un « ami du Maroc » : il est le Français le mieux informé, celui entre les mains de qui le monarque a placé sa sécurité personnelle, celle de ses enfants, et à qui il confie de temps en temps des missions confidentielles.

L'histoire commence en juin 1963 à Paris. Monté sur le trône deux ans auparavant, Hassan II effectue sa première visite officielle en France. Il a trente-quatre ans et ce soir-là une réception est donnée en son honneur à l'Élysée par le général de Gaulle. La cérémonie se veut chaleureuse. Les liens entre les deux pays restent étroits malgré l'indépendance octroyée il y a moins de dix ans. Et l'affaire Ben Barka n'a pas encore éclaté qui mettra à mal l'alliance naissante.

On imagine l'ambiance, la foule des invités en tenue de soirée, le discours de bienvenue du Général, la réponse du jeune roi, les toasts portés à « l'amitié entre les deux peuples », la cuisine raffinée servie dans la salle des fêtes de l'Élysée. Seul désagrément pour le monarque chérifien : on ne fume pas en présence du chef de l'État français. Pour contourner l'obstacle, le fumeur invétéré qu'est Hassan II s'approche du Général et lui demande l'autorisation de s'absenter quelques minutes. Le président français acquiesce, fait signe à son garde du corps et lui demande d'accompagner le roi aux toilettes. Le garde du corps, c'est Raymond Sasia, et lorsque Hassan II lui explique qu'en fait il veut fumer une cigarette, c'est dans un bureau inoccupé qu'ils échouent.

Le roi est décontracté. En même temps qu'il tire sur la cigarette marquée à ses initiales, il bavarde. Le métier si particulier de Raymond Sasia et la personnalité de celui qu'il protège l'intriguent. Il pose des questions.

Sasia n'est pas un timide. Du même âge ou presque que Hassan II, de taille élancée, solide comme un chêne, le « gorille du général », comme on disait à l'époque, est flatté que le roi s'intéresse à lui. Alors il parle sans se faire prier. Il raconte son engagement dans la Résistance à dix-sept ans, son combat contre l'occupant nazi dans les réseaux qui lui vaudra plus tard la croix de guerre avec palme, la libération de Paris et sa nouvelle vie dans la police nationale, puis sa rencontre avec son idole, de Gaulle, dont il est devenu l'un des quatre gardes du corps après l'attentat du Petit-Clamart où les services de sécurité n'avaient pas été à la hauteur. Sasia est un bavard. Il dit aussi sa passion pour les arts martiaux – dont il a fait un temps son métier – et les techniques de tir rapide au pistolet mises au point aux États-Unis, qu'il est allé apprendre à l'académie du FBI en 1962 avant de les perfectionner. C'est le patron du FBI, Edgar Hoover, qui lui a remis en main propre le diplôme après qu'il eut coupé en deux une carte à jouer à sept mètres de distance. Il est le seul Français à l'avoir décroché cette année-là. Sasia lui raconte ensuite comment, de retour en France, il a créé un centre de tir – la réplique exacte de celui du FBI – où viennent se former des policiers...

Le roi l'écoute, reprend parfois Sasia, demande des précisions. La cigarette est éteinte depuis plusieurs minutes. Il est temps de retourner dans la grande salle de l'Élysée. Raymond Sasia n'entendra plus parler de Hassan II pendant huit années.

Les retrouvailles, si l'on peut dire, auront lieu en 1971. Entre-temps, le Général est décédé et le roi a échappé de peu à la mort. C'est un miraculé. À Skhirat, sur la côte Atlantique non loin de Rabat, des militaires ont investi sans coup férir le palais royal et tiré sur la foule des invités à l'heure où Hassan II fêtait son anniversaire en juillet 1971.

La facilité avec laquelle les putschistes ont pu investir le palais, gardé par d'autres militaires et une garde royale d'opérette, a convaincu le roi qu'il devait renforcer sa sécurité et, surtout, la confier à un corps à créer, indépendant des forces armées royales, les FAR. Mais à qui confier la tâche de mettre sur pied l'équipe chargée de veiller à la protection de la monarchie ? Sur qui se reposer pour protéger le roi et son entourage ? Pas un Marocain. Ce ne serait pas sage. Il pourrait être tenté de trahir. Mieux vaut prendre un Français.

Lorsqu'il s'en ouvre au Premier ministre, Jacques Chaban-Delmas, à qui l'unit une passion commune pour le golf, Hassan II a un nom à proposer, celui de l'ancien garde du corps du général de Gaulle dont le professionnalisme autant que le parcours hors norme l'avaient séduit lors de sa visite en France[1]. Surprise de Chaban-Delmas, mais elle est brève. L'idée, juge-t-il, est excellente. Il connaît Raymond Sasia et se fait fort de le convaincre.

Ce ne sera pas bien difficile. Le commissaire Sasia est partant. La tâche proposée est exaltante, l'indemnité offerte par le roi fort généreuse. Qui plus est, elle viendra s'ajouter, Chaban-Delmas l'a promis, au salaire que le fonctionnaire continuera à percevoir au titre de directeur du Centre national de tir de la police nationale.

Il ne reste plus qu'à conclure. Arrivé à Rabat, le Français est accueilli par le colonel Ahmed Dlimi, le futur patron des services de renseignement, qui l'installe à La Tour Hassan, le meilleur hôtel de la capitale marocaine. Là, Raymond Sasia patiente deux jours avant d'être reçu en audience – à 2 heures du matin – par le monarque. La mission assignée est claire : il sera

1. Il est probable que lorsque Hassan II avança le nom de Raymond Sasia, il s'était procuré auparavant ses états de service.

dans un premier temps le « gorille » du roi comme il a été celui du général de Gaulle, mais, plus important, il a carte blanche pour créer de toutes pièces une sécurité royale digne de ce nom. Le commissaire, invité à venir s'installer au Maroc avec son épouse, disposera de tous les moyens qu'il souhaite. Il pourra puiser parmi les effectifs de la Sûreté nationale ou ailleurs s'il le souhaite. Il a une obligation de résultat. Il faut que les palais soient sécurisés. Et que, lorsque Hassan II se déplace en province ou se rend à l'étranger, il puisse le faire en toute quiétude.

L'ancien garde du corps acquiesce. Il assure le roi qu'il se fait fort de mener à bien la mission, le prévient poliment qu'il ne sera pas un courtisan soucieux de plaire et qu'il ne taira pas la vérité, fût-elle déplaisante. Sa disponibilité est entière, ajoute le commissaire français, mais, ne serait-ce que pour ne pas faire jaser, il préférerait rester basé à Paris quitte à faire le déplacement chaque mois, voire plus fréquemment si besoin. Ce n'est pas ce que Hassan II avait prévu, mais le monarque consent au nomadisme de son conseiller.

Et c'est ainsi qu'une nouvelle vie commence pour Raymond Sasia. Elle marie activisme et discrétion. Le Français doit à partir de zéro bâtir un service chargé de la sécurité du palais. En quelques mois, il a déblayé le terrain en puisant dans le vivier des policiers du royaume. Sasia en a sélectionné une cinquantaine au terme d'une série d'épreuves dont des exercices de tir. Dans le lot, quelques uns se détachent déjà, dont un obscur commissaire venu de Marrakech, Mohamed Médiouri. Sasia le recrute pour le palais et, sans le savoir, prépare la fortune de son protégé. Ce flic portant beau, mince, sportif, le visage barré d'une moustache, saura être au bon endroit au bon moment pour aider Hassan II à faire échec aux putschistes qui, en août 1972, ont tenté de l'abattre en plein ciel marocain. Investi de la confiance de son roi, Médiouri devient du jour au lendemain un personnage considérable. Il ne tarde pas à prendre la tête de la Sécurité royale imaginée par Sasia et du service de renseignement qui est créé dans le sillage de celle-ci. Dès lors, rien de ce qui se passe à l'intérieur des palais n'échappera à Médiouri, qu'il s'agisse d'une dispute entre concubines du harem ou des sorties nocturnes du prince héritier, de son frère cadet, de ses sœurs. Les Marocains ignorent jusqu'à son nom, alors qu'il est un personnage clé, et intouchable. C'est tellement vrai qu'il se rapprochera par la suite de la « mère des princes », Latefa, l'épouse de Hassan II, relation qui se transformera en un mariage une fois le roi disparu.

Raymond Sasia a manqué payer de sa vie sa proximité d'avec le souverain. L'ancien garde du corps se trouvait en effet à l'arrière du Boeing royal lorsque, le 16 août 1972, des avions de chasse mitraillèrent l'appareil qui revenait de France avec Hassan II à son bord. Il reçut six éclats de mitrailleuse ou de roquette. « J'ai été blessé, raconte-t-il à des journalistes, quand une roquette a touché l'appareil. J'ai été inondé de sang et je suis resté cloué dans un fauteuil. [...] L'intérieur du Boeing a été immédiatement rempli de fumée. Nous étions sûrs que l'appareil allait exploser tant il vibrait. C'est un miracle que nous nous en soyons sortis. »

En France, l'opinion publique apprend ce jour-là qu'un commissaire principal de police a été détaché auprès d'un roi qui n'a pas bonne presse. L'occasion est bonne pour un parlementaire communiste d'interpeller le Premier ministre Pierre Messmer. Dans une question écrite il lui fait part de « la surprise de nombreux Français en apprenant, à l'occasion de récents événements, que le gouvernement a détaché auprès d'un chef d'État étranger un haut fonctionnaire de police français chargé de tâches particulières de sécurité ». Et le parlementaire de demander à Messmer quels sont « les textes qui ont permis ce détachement et l'autorité qui a pris la décision ».

L'attaque du Boeing est de celles qui renforcent la confiance du roi en Sasia. Elle était déjà grande ; elle devient absolue. Il est l'homme qui précède le souverain lors de ses déplacements dans le royaume. Il repère l'itinéraire, note les faiblesses du dispositif, ordonne, commande. Les Marocains obéissent.

Le roi a une autre bonne raison de s'en remettre à Sasia. Le Français est suffisamment bien payé pour n'avoir pas d'états d'âme. L'ex-« gorille », qui n'a pas encore franchi le cap de la quarantaine, perçoit du ministère marocain de l'Intérieur, son employeur officiel, un salaire des plus confortables auquel viennent s'ajouter divers avantages matériels[1]. Les premiers temps, lorsqu'il séjourne au Maroc, au moins une fois par mois, le Français loge au Hilton de Rabat. La nourriture vient directement des cuisines du palais, lequel prend également en charge les vacances marocaines de la famille Sasia. Et ce n'est pas tout. À l'occasion, Hassan II offre à son « protecteur » des cadeaux extravagants. Un jour, ce fut une Jaguar. Sasia étant indécis

1. Raymond Sasia se voyait remettre les pourboires destinés à tous ceux qui, des chauffeurs aux policiers en passant par les femmes de chambre, avaient contribué au bon déroulement du séjour du roi. L'enveloppe pouvait atteindre 15 000 euros par personne. Il incombait au commissaire français de les remettre aux intéressés.

sur la teinte de sa Jaguar, le concessionnaire fit défiler devant son domicile parisien différents exemplaires du modèle retenu, chacun d'une couleur différente : rouge, bleu clair, bleu sombre. Planté à son balcon à un étage élevé, vêtu d'un peignoir, le commissaire fit son choix en désignant du doigt le véhicule retenu... À dire vrai, il avait déjà reçu d'autres voitures en cadeau du roi.

Ce que Hassan II apprécie, c'est que Raymond Sasia, pour autant qu'il le sache, ne trempe dans aucune combine d'envergure qui en peu de temps peut transformer en milliardaire le plus obscur des courtisans. « Sasia, c'est le seul homme honnête parmi tous ceux qui sont ici », lança à la cantonade Hassan II un jour qu'il jouait au golf au milieu d'un parterre de ministres et de proches plus dévots les uns que les autres[1]. Le compliment autorise une certaine franchise. Au monarque orgueilleux qui l'interroge sur ce qu'on dit de lui à Paris, le Français ose dire la vérité : « Majesté, on dit que tous vos opposants sont en prison et que votre entourage est corrompu », avoue un Sasia plus mort que vif qui s'attire cette réplique : « Dis à ceux qui me critiquent que j'ai mis en prison des gens qui voulaient me tuer. Quant aux corrompus, je les tiens. »

Sasia n'a pas fréquenté de grande école, mais il connaît la vie. Il peut être une tombe. Un soir, invité à dîner au domicile du général Oufkir, un homme âgé, un inconnu, lui glisse : « Ne vous exposez pas trop près du soleil pour ne pas risquer d'être brûlé, mais restez à proximité de ses rayons pour vous réchauf-

1. Entretien avec l'auteur, mai 2004.

fer. » L'ancien commissaire a retenu le conseil. C'est aussi celui que ne cesse de lui répéter son épouse, Wladys, qui l'accompagne parfois au palais où elle est devenue la seule étrangère admise au sein du harem.

Le Français servira donc loyalement sans participer aux intrigues ou aux petits complots. Il y a trop de coups à prendre. C'est au nom de ce principe de précaution que Sasia refuse en 1983 de participer à une opération qui va aboutir in fine à l'élimination de Dlimi, l'homme le plus puissant du royaume après le roi.

À l'origine, une confidence du colonel Bouatar, le chef des paras-commandos de la garde royale, dont l'un des hommes, chargé du central téléphonique du palais, a intercepté et enregistré des conservations entre Médiouri et Latefa, la « mère des princes », qui ne laissent aucun doute sur la nature de leurs liens. L'officier veut alerter Hassan II d'une liaison qu'il juge scandaleuse mais, faute d'avoir un accès direct au roi, il lui faut trouver un intermédiaire. Ce ne peut être que Raymond Sasia. Il n'appartient à aucun clan, n'est l'homme de personne, et Hassan II a toute confiance en lui. Bouatar contacte donc le « Monsieur Sécurité du palais » et lui confie le funeste secret.

On imagine sans peine le dilemme qui fut celui de Sasia. Parler au roi, c'était être le messager porteur de mauvaises nouvelles avec tous les risques d'une telle position. Cacher la vérité était à peine moins inconfortable. Qu'adviendrait-il si Hassan II, apprenant les secrets d'alcôve par autrui, découvrait que le Français savait mais s'était tu ?

C'est Wladys qui va le décider : « Reste à l'écart. On

ne sait jamais », lui conseille-t-elle. Sasia suivra la recommandation.

L'appui qu'il n'a pas trouvé auprès du Français, le colonel Bouatar va l'obtenir de Dlimi qui, à cinquante ans, a la haute main sur les aides de camp du roi, l'armée, la Sûreté nationale et les services de renseignement. La suite appartient à l'histoire du Maroc, dont elle est une page encore obscure. À peine peut-on faire un constat : arrêté et transféré sur une base militaire en janvier 1983, le colonel Bouatar a disparu à jamais ; le même mois, Dlimi « le centurion » meurt dans des circonstances on ne peut plus mystérieuses. Officiellement dans un accident de la circulation à Marrakech. En réalité, une note interne au palais, dactylographiée et signée Médiouri, et adressée à Hassan II, indique que « le traître Dlimi », accusé – à tort – de comploter contre la monarchie, a été torturé avant d'être tué sur ordre de Hassan II[1].

Raymond Sasia sort indemne de la tragédie qui s'est jouée au palais. Conseiller du chef de l'État pour la sécurité il était et il demeure. Il n'a qu'un interlocuteur : le roi. Lorsque la présence du terroriste Carlos est signalée au Maroc, il assure la liaison avec les services de renseignement occidentaux associés à sa traque. Lorsque arrive le jour de la traditionnelle cérémonie de l'allégeance qui voit toute l'élite du royaume venir s'incliner devant le monarque, c'est

1. J'ai publié le document dans un livre précédent, *Le Dernier Roi. Crépuscule d'une dynastie, op. cit.* Ajoutons que, tout-puissant qu'il fût, Ahmed Dlimi se savait menacé. Il ne s'en cachait pas auprès de certains de ses amis. L'un d'entre eux se souvient qu'ayant rencontré à Paris le colonel, ce dernier avait tenu à monter dans la voiture du Français tant il se méfiait de son véhicule de service.

également lui qui est sollicité pour les questions de sécurité. Lorsqu'un prince venu du Proche-Orient débarque à Rabat, c'est toujours lui qui veille au grain de sorte que personne dans la délégation officielle ne se retrouve empêtré dans une affaire de mœurs. Lorsque, enfin, au début des années quatre-vingt, Casablanca est le théâtre d'émeutes, c'est encore lui qui préconise de remplacer les forces armées par des unités spécialisées dans le maintien de l'ordre.

S'il n'y avait que cela. Mais le roi charge aussi Raymond Sasia de missions confidentielles. L'une des plus amusantes, avec le recul du temps, consistera à faire entrer Hassan II dans la grande famille de la franc-maçonnerie qui fascinait tant le monarque. L'affaire n'était pas gagnée d'avance. Le roi refusait de commencer au bas de l'échelle comme simple « apprenti ». C'eût été déchoir. Mais les grandes obédiences de France ne l'entendaient pas ainsi. Elles refusèrent toutes de modifier les principes maçonniques au profit du monarque. Il fallut donc tailler une loge sur mesure, baptisée « le Lion de l'Atlas », avec « des frères particulièrement déférents et arrangeants ». Raymond Sasia sut les convaincre.

Une autre mission tournera autour de l'une des sœurs du monarque, dont Hassan II apprit qu'elle avait noué une liaison extraconjugale en France. Il ignorait avec qui, mais exigeait qu'elle cesse. Sasia est donc convoqué au palais. « Déniche l'amant de ma sœur et dis-lui qu'il cesse de la voir, sinon ce sera une autre affaire Ben Barka », lui dit le roi sans s'embarrasser de précautions.

L'enquête n'est pas des plus difficiles à mener. La

princesse ne se cache pas vraiment et Raymond Sasia compte des amis bien placés au sein de la police française. C'est donc sans mal que l'ancien « gorille » découvre que l'amant de la princesse n'est autre que son professeur de tennis.

La rencontre entre les deux hommes est aussi brève qu'efficace. Sasia n'y va pas par quatre chemins : « Tu arrêtes tout et tu me rends ce que la princesse t'a donné », suggère fermement le conseiller de Hassan II à son interlocuteur qui comprend vite qu'il n'a pas le choix. Il s'engage à ne plus jamais tenter de revoir la sœur du monarque.

De retour à Rabat, « mission remplie » comme il le résume au roi, le Français n'a plus qu'à lui remettre les souvenirs d'une liaison interrompue pour raison d'État : une poignée de photos, une chaîne en or, quelques billets d'avion...

Avec le temps, Sasia devient l'homme de confiance pour les déplacements de Hassan II et de sa cour à l'étranger. En France, lorsque le roi débarque, Sasia, qui dispose d'une équipe de policiers sélectionnés par lui, a la haute main sur tout ce qui touche à la sécurité. Même les responsables de la police française autrement plus gradés que lui doivent s'incliner – ce qui ne va pas sans grincements de dents.

Ce n'est pas rien d'avoir en charge les déplacements de Hassan II et de la cour. Un jour où le roi avait rendez-vous chez son dentiste avenue d'Eylau à Paris, le cortège de voitures se trouva pris dans un embouteillage place du Trocadéro. Les premières voitures et les dernières s'étaient rejointes tel un serpent en train de se mordre la queue. Il n'y avait pas moins de soixante-trois véhicules pour accompagner le souverain alaouite !

Et il y a le harem à prendre en charge. La tâche est peu banale. Les femmes débarquent par dizaines. Elles sont accueillies discrètement dans la zone militaire de l'aéroport du Bourget, en banlieue parisienne, avant d'être acheminées par petits groupes vers le domicile du roi. Il ne faut surtout pas attirer l'attention des journalistes. Parfois, en fin de journée, une autorisation royale tombe, qui leur permet d'aller sur les Champs-Élysées, toujours en petits groupes et sous la protection d'un policier. Sasia invoque la presse et ses paparazzi pour justifier la présence de l'escorte. En réalité, ce qu'il redoute sans le dire, c'est qu'une concubine profite de l'occasion pour s'enfuir. On imagine le scandale si l'une d'entre elles avait joué les filles de l'air et raconté sa vie !

Le commissaire et ses hommes sont également à la manœuvre lorsque les enfants de Hassan II et leurs amis viennent à Paris. Ils descendent au Ritz. C'est leur quartier général et, du coup, celui de Sasia. Le policier n'a pas de chambre dans le palace, mais un de ses hommes y est à demeure, tandis que son épouse Wladys est de corvée pour chaperonner les filles. Une fois, elle restera un mois au Ritz, rêvant d'un œuf coque et d'une simple salade verte.

L'emploi du temps des princes en goguette à Paris est simple : lever tardif, shopping dans les boutiques de luxe proches de la place Vendôme, une voire deux séances de cinéma sur les Champs-Élysées, dîner tardif, et virée en boîte de nuit jusqu'au petit matin.

Les princes et leurs amis l'ignorent mais ils sont surprotégés. Un policier français et un policier marocain forment un premier cordon que doublent incognito deux autres policiers français. À défaut d'être discret, le dispositif est efficace. Aucun problème grave n'est venu perturber au cours des années le séjour privé d'un prince ou d'une princesse. Il n'y eut que de menus incidents : un jour, un prince se voit refuser l'entrée d'une boîte de nuit pour cause de « faciès » ; une autre fois, dans un autre night-club, le futur Mohammed VI se fait dérober 20 000 francs qu'il avait glissés dans la poche de son jeans. Le père n'en saura rien.

D'ailleurs, que sait-il de la vie parisienne du prince héritier ? Pas grand-chose. Et surtout pas que les boîtes de nuit figurent en bonne place dans son emploi du temps. Sasia est discret. Une nuit où Hassan II l'avait appelé pour savoir ce que faisait le prince, le commissaire lui répondit poliment que son fils avait pris un léger somnifère et dormait comme un bienheureux. En réalité, le futur Mohammed VI explorait la nuit parisienne.

Un pied en France, un autre au Maroc ; directeur du service de sécurité du ministère de l'Intérieur à Paris ; conseiller technique auprès du roi du Maroc, Raymond Sasia est un personnage hors norme, un franc-tireur. Il a des amis à droite et d'autres à gauche parmi les socialistes. Fort en gueule, il n'appartient à aucun parti politique, sinon à celui des orphelins du Général auprès de qui il a travaillé pendant près de dix ans. C'est un milieu baroque où à côté de gaullistes authentiques barbotent des personnages peu recommandables. La gauche s'en méfie, de sorte que lorsque François Mitterrand s'installe à l'Élysée, en mai 1981, Raymond Sasia se retrouve dans le collimateur du tout nouveau ministre de l'Intérieur. Gaston Defferre exige que Sasia renonce à jouer les « Monsieur Sécurité » auprès de Hassan II. Il lui demande de démissionner. L'ancien « gorille » de De Gaulle refuse et s'envole pour Rabat où il va raconter sa mésaventure au monarque alaouite.

Raymond Sasia sait qu'il a un allié de taille en la personne du roi. Hassan II contacte Gaston Defferre, téléphone à François Mitterrand, et menace de faire appel à des Canadiens si Paris persiste à vouloir remplacer son « conseiller technique ».

L'affaire est entendue. Elle en restera là. Le ministre se déjuge, le président français s'incline : Raymond Sasia, symbole jusqu'à la caricature des liens entre la police française et le palais royal, a sauvé sa place.

L'offensive du ministre de l'Intérieur a tourné court mais Sasia a laissé des plumes dans l'aventure. Place Beauvau, il est « placardisé » par Defferre, qui se méfie d'autant plus du haut fonctionnaire de police qu'en 1982 une commission d'enquête parlementaire sur le Service d'action civique (SAC) a mis en évidence les liens troubles entre l'officine gaulliste et le club de tir de la police nationale dirigé par Sasia.

Le Corse devra attendre l'arrivée de Pierre Joxe pour sortir du purgatoire. « Je l'ai trouvé qui végétait dans un petit bureau du ministère encombré de fanions, de casquettes de militaires, de photos d'armes. Je l'ai remis en selle, raconte l'ancien ministre. Il y avait eu des attentats à Paris et les ambassades étrangères réclamaient des systèmes de protection. J'ai donc envoyé Sasia auprès de toutes les ambassades qui souhaitaient sécuriser leurs locaux ou leur personnel. Il a été très efficace. Il savait dire aux diplomates étrangers : “Cette portière non blindée est dangereuse. Ici, il faudrait installer une caméra de surveillance... et les faire payer.” Je l'envoyais aussi me représenter dans les réceptions où je ne pouvais pas aller[1]. »

1. Entretien avec l'auteur, déjà cité.

Le policier est en fait très sollicité. Et pas uniquement dans la capitale française. La fréquentation de Hassan II et de son frère Moulay Abdallah lui ouvre le marché de la sécurité de plusieurs chefs d'État. En Jordanie, le roi Hussein confie au Français sa protection personnelle. En Arabie Saoudite, des princes s'adressent à lui dans le même but. L'Afrique le sollicite également. Au Gabon, si le président Omar Bongo a choisi des Marocains pour sa sécurité rapprochée, ce sont des hommes formés dans lc royaume par le Français qu'il emploie au départ. Même la principauté de Monaco le fait travailler : à la fin des années quatre-vingt, Raymond Sasia, alors âgé de cinquante-neuf ans, devient conseiller technique du prince Rainier[1]. Pour autant, il n'abandonne pas le roi du Maroc. Et le roi ne l'abandonne pas davantage. Il continue à le couver. La preuve, lorsque Sasia, désespérant d'être nommé un jour préfet de police – c'est son vieux rêve –, s'en ouvre à Hassan II, le roi interviendra en sa faveur. Et puisqu'il ne réussit pas à fléchir un François Mitterrand méfiant à l'encontre d'un Corse proche de Pasqua, Hassan II va faire un cadeau original à celui qui est à la fois son protecteur et son protégé : il va le nommer préfet de police honoraire du Maroc. Le titre est purement honorifique, il n'a été décerné à personne d'autre et il a enchanté M. Raymond.

1. Dans le cadre de cette mission, il embauchera un policier qui deviendra le premier mari de Stéphanie de Monaco.

10.

Les moutons noirs

Le corps gît allongé dans le parking d'une résidence entre Málaga et Marbella. L'homme, cheveux bruns coupés court, corpulent et joufflu, est allongé sur le ventre à proximité d'un véhicule tout-terrain. Il a été exécuté d'une seule balle tirée en direction de la tempe gauche. Pas de trace de bagarre. Pas d'empreintes. Pas de témoins. Du travail de professionnel, conclura la police espagnole. C'est tellement vrai qu'aujourd'hui encore, près de deux ans après le crime, l'enquête est toujours en cours. Qui a exécuté Hicham Mandari, trente-deux ans, dans la nuit du 4 au 5 août 2004 ? S'agit-il d'un règlement de comptes ou d'un crime politique ? Qui est derrière ? Les services secrets marocains ? Des tueurs à gages ? Des truands ? Le saura-t-on un jour ?

« Mandari, c'était chronique d'une mort annoncée », lance en forme d'oraison funèbre un ancien responsable de la DGSE, le service français d'espionnage. Il ne croit pas si bien dire. Même la victime était convaincue que ses jours étaient comptés. Aussi Mandari avait-il enregistré en 1999 à Miami, en Floride, une cassette vidéo en forme de testament. « Si cette cassette arrive chez une personne ou chez des médias ou sur une chaîne de télévision, c'est qu'il me sera arrivé quelque chose, un accident[1] », prévient le jeune Marocain. S'exprimant plus d'une heure durant tantôt en arabe dialectal mâtiné d'accent fassi, tantôt en français, Mandari – debout en gandoura devant un fond blanc – raconte « sa » vérité, celle d'un homme traqué par les services secrets marocains et réclamé par la justice française pour deux affaires. L'une concerne la fabrication et l'usage de fausse monnaie ; l'autre un vol de chèques dans les appartements privés du roi Hassan II. Bien entendu, Mandari clame son innocence tout au long de l'enregistrement vidéo. Il explique, argumente, donne des détails, livre des noms, récapitule des emplois du temps, accuse les uns, blanchit les autres, redit ce qu'il a déjà raconté face à la caméra... C'est la défense pathétique d'un homme en sursis qui brûle son avant-dernière cartouche.

Car il y a une dernière cartouche. Ce sont des documents secrets subtilisés au palais royal et dont Mandari annonce que tout a été prévu pour qu'ils parviennent à la personne déjà en possession de la cassette vidéo.

À ce jour, Mandari est mort et aucun document n'a fait surface en dépit de la promesse d'outre-tombe. L'existence supposée de ces fameux dossiers a pourtant agité Rabat et Paris pendant près de six ans. Pour mettre la main dessus, les collaborateurs de Hassan II puis de Mohammed VI n'ont pas ménagé leur peine. En France, ils ont remué ciel et terre, mobilisé l'Élysée et des ministres, réclamé l'assistance des services de renseignement. En fin de compte, davantage que la quête fantomatique de documents, cette affaire

1. L'auteur est en possession d'un exemplaire de la cassette.

dévoile sous un jour inattendu la force de l'alliance qui cimente les deux pays.

Inutile de s'attarder longuement sur le scandale des « faux dinars de Bahreïn » qui éclate à l'été 1998 à Paris. Il fait songer à un polar, compliqué à souhait[1]. Jamais une quantité aussi importante de fausse monnaie n'a été introduite en France. Jamais non plus des billets de banque n'ont été imités avec une telle qualité. Jamais enfin une opération de fausse monnaie n'a mobilisé autant de moyens matériels et humains. Il y a des avions gros porteurs pour acheminer les tonnes de faux billets, des jets privés faisant la navette entre Paris et Beyrouth, des rendez-vous en Syrie dans un bureau décoré d'un tableau signé d'un certain Adolf Hitler, des chefs d'État africains mouillés jusqu'au cou, des rendez-vous à l'hôtel Ritz... Complice probable ou possible victime, Hicham Mandari a été mêlé de près à cette gigantesque opération de contrefaçon. Elle lui a valu d'être poursuivi par la justice française jusqu'aux États-Unis où il s'était réfugié.

L'important est qu'à la même époque, l'été 1998, l'homme s'est retrouvé au centre d'une ténébreuse affaire qui touchait celle-là au cœur du palais royal. Une dizaine de chèques furent dérobés dans les appartements privés de Hassan II, ceux-là mêmes où aucun homme autre que le roi, ses enfants et une poignée de serviteurs n'avait accès.

Les chèques portaient la marque des établissements bancaires les plus huppés du monde : Citibank, Chase Manhattan Bank, Paribas, Barclays, Bank of New York, Union des banques suisses... Ils étaient en blanc. Ils ne le restèrent pas. Des sommes faramineuses furent

1. Voir *Le Monde* du 23 juin 1999.

inscrites sur une demi-douzaine d'entre eux avec la signature maladroitement contrefaite de Hassan II avant d'être présentés à l'encaissement. L'opération était hasardeuse. Avant d'honorer un chèque substantiel, les banques étrangères avaient pour habitude de contacter pour confirmation leur interlocuteur traditionnel au palais royal, le chef du secrétariat particulier de Hassan II. Mais à l'été 1998, Abdelfetah Frej est provisoirement injoignable. Il se trouve aux États-Unis pour une opération bénigne. Les détenteurs de chèques le savent, de sorte qu'ils vont réussir à encaisser au moins un chèque de l'ordre de 400 000 francs tiré sur une banque luxembourgeoise avant que l'alerte ne soit donnée. Les autres chèques sont alors retournés au palais royal sans être honorés. Ils renvoient à des intermédiaires étrangers ou à des comptes logés dans des paradis fiscaux.

Aujourd'hui encore, « l'affaire des chèques » est loin d'avoir livré ses secrets. Qui en a été le cerveau ? De quelles complicités a-t-il bénéficié en haut lieu au palais ? Quel fut le jeu de certaines femmes proches de Hassan II ? À quoi devait servir l'argent siphonné sur les comptes ? Les hypothèses n'ont pas manqué, qui vont de l'escroquerie de haut vol à une tentative pour déstabiliser de l'intérieur un roi vieillissant dont la disparition n'est plus qu'une question de mois. Toutes sont possibles. Aucune n'est avérée.

Dès le départ, l'enquête était impossible à mener. Driss Basri, le ministre de l'Intérieur, que le roi avait chargé d'éclaircir le mystère, en était convaincu. Comment avancer dans ce monde obscur et tortueux qu'est le palais, où un monarque de droit divin, craint de ses enfants, règne sur un harem, des « esclaves du feu », des bouffons, un service de renseignement sans existence légale ? Comment en comprendre les codes, en apprécier les équilibres lorsqu'on y débarque, fût-on ministre de l'Intérieur depuis près de vingt ans ? Autant renoncer et, à défaut de chercher à comprendre, s'efforcer de limiter les dégâts.

C'est ce que va faire Basri. Hassan II lui a demandé d'interroger Médiouri, le chef de la Sécurité. Le « vizir » se contentera d'une vague discussion au cours d'un trajet en voiture, convaincu qu'il n'y a rien à attendre du « Chat », comme on surnomme Médiouri au palais. Quant à questionner les femmes du harem, Latefa, la « mère des princes », Farida, sa rivale, autant rêver.

À défaut, il reste le menu fretin, une poignée de serviteurs et de chauffeurs dont les témoignages permettent de remonter jusqu'à Mandari qui alors se trouve à Paris avec femme et enfant. Avec l'affaire des faux dinars de Bahreïn sur les bras.

Fausse monnaie d'un côté, vol de chèques appartenant au roi de l'autre, Hicham Mandari joue avec le feu malgré son jeune âge. Mais n'a-t-il pas fait une règle de vie de ces coups de poker successifs ? À un juge d'instruction français qui l'interroge en mai 2002, il déroule sa vie de gosse de riches et de fils de divorcés. Il raconte comment, adolescent, les voitures de sport l'intéressaient davantage que les études à Paris ou à Genève. Comment aussi, revenu au Maroc, il avait décidé de forcer l'entrée du palais royal coûte que coûte et de se faire une place au soleil. N'avait-il pas de l'argent et un protecteur haut placé, le numéro deux du ministère de l'Intérieur ?

À dix-huit ans, Mandari jetait son dévolu sur sa future épouse, Hayat, fille adoptive de Hassan II et, surtout, nièce de Farida, la concubine favorite du monarque. « C'est Farida qui s'est occupée de moi et de mon avenir, explique-t-il au juge. Elle a commencé par m'envoyer à Boston [aux États-Unis] pour étudier, mais je suis revenu au bout d'un an [...]. Farida a réussi à me placer auprès du directeur de la Sécurité royale, Mohamed Médiouri. » Et Mandari de poursuivre : « J'ai commencé par faire des stages dans l'administration ainsi qu'à l'étranger dans le domaine du renseignement [...]. Jusqu'en 1994 je n'ai pas eu de fonction officielle. J'étais rémunéré à partir d'une sorte de caisse noire et grâce à la générosité de Farida [...]. De 1994 à 1997, j'ai été nommé chargé de mission au département de la Sécurité royale [...]. J'étais polyvalent : je continuais d'être chargé du renseignement, d'assurer la liaison avec certains services [de renseignement] au Proche-Orient, et de certaines missions que me confiait directement le roi, comme de remettre des courriers, des enveloppes ou des cadeaux (des diamants, des bijoux) en Europe ou en Afrique à diverses personnalités. J'étais une sorte de messager du roi. »

Sûr de lui, convaincu de son impunité à présent qu'il navigue dans le premier cercle de la monarchie, Mandari se lance dans les affaires. Son culot est sans limites. Faux étudiant à Boston, il avait loué une boîte de nuit plusieurs soirées d'affilée en usurpant le nom d'un membre de la famille royale. À l'hôtel Hilton de Genève, il a laissé une ardoise en se faisant passer pour un parent de Hassan II. Devenu proche de Médiouri, il change de registre. Un jour, en 1995, il usurpe l'identité du neveu du roi, Moulay Hicham, et débarque dans un grand hôtel de Londres pour s'imposer comme intermédiaire dans un contrat d'achat de phosphate jordanien par l'Inde. Le coup échoue de peu et c'est grâce à l'appui de son protecteur Médiouri que Hicham Mandari, démasqué et bloqué dans la capitale londonienne, retourne sans encombre à Rabat. C'est en vain que Moulay Hicham ira se plaindre à son oncle. « Tu exagères », lui rétorque le Commandeur des croyants.

L'affaire n'en restera pas là. Lors d'un mariage à Rabat, Moulay Hicham, pratiquant les arts martiaux, croise Mandari assis à la table principale à côté d'une proche de Hassan II. Il l'interpelle, l'invite pour une explication dans les cuisines et l'y assomme avant de rejoindre les convives comme si de rien n'était. Au cours du tête-à-tête qui suit, le roi, mis au courant de l'esclandre, fera savoir à son neveu qu'il n'apprécie pas ce type de comportement.

Au cours de ces années-là, Mandari gagne beaucoup d'argent et en dépense autant. L'argent lui brûle les doigts. À Rabat il roule carrosse, au grand dam du prince héritier à qui son père mesure l'argent de poche. À Paris, il mène grand train et accumule les conquêtes féminines. Il dispose d'un appartement au Carré d'or sur les Champs-Élysées, déjeune aux meilleures tables, s'offre des gardes du corps et laisse des pourboires qui lui valent une réputation de prince oriental. Lorsque Hassan II vient en visite officielle à Paris au milieu des années quatre-vingt-dix, Mandari accompagne la délégation. Il loge au Ritz quand le monarque est descendu au Crillon.

Cet âge d'or est terminé. Avec l'affaire des chèques, le protégé de Farida et de Médiouri, Mandari, le « conseiller spécial » de Hassan II – c'est la profession inscrite sur son passeport –, est un homme traqué. Les Marocains veulent lui mettre la main dessus. Tout le palais est mobilisé.

En réalité, ce n'est pas tant la disparition des chèques qui préoccupe. Que le roi d'un pays sous-développé collectionne les comptes secrets dans des banques étrangères a de quoi choquer l'opinion publique si d'aventure elle l'apprend, mais ce n'est pas le plus inquiétant pour le pouvoir. Ce que redoute Hassan II, il l'a confié à son ministre de l'Intérieur, c'est que Mandari ait subtilisé dans le désordre des appartements privés des documents plus compromettants pour la monarchie et l'État.

Tout va donc être tenté pour mettre la main sur l'aventurier. Les services de renseignement français sont contactés. Ils promettent leur aide, mais il est trop tard. Prévenu par l'un de ses protecteurs au palais, le « conseiller spécial » de Hassan II réussit à échapper aux agents de la DST lancés à sa poursuite. Il quitte la France pour l'Allemagne et de là réussit in extremis à embarquer dans un avion en partance pour les États-Unis avec femme et enfant. Il est à l'abri.

Venu à Paris, Driss Basri prend contact avec son homologue, Jean-Pierre Chevènement. « J'ai gardé le souvenir d'un homme affolé. Il était en ébullition – peut-être sous l'effet d'une colère de Hassan II, raconte l'ancien ministre. J'ai expliqué à Basri que je ne pouvais pas faire grand-chose. Mandari n'était plus en France et un juge du pôle financier du ministère de la Justice était saisi dans le cadre de l'affaire des faux dinars. J'ai ajouté que seule la juge d'instruction pouvait demander l'extradition, et que si elle le faisait nous lui accorderions les moyens nécessaires pour faire aboutir la démarche[1]. »

C'est ce qui va être fait mais en obéissant au rythme

1. Entretien avec l'auteur, déjà cité.

de la justice. Il faut près d'une année à Paris pour présenter la requête assortie d'une « demande d'arrestation provisoire acheminée en urgence par voie diplomatique[1] ».

Si la machine s'emballe soudain, c'est que la pression monte. Des négociations ont eu lieu, par avocats américains interposés, entre Mandari et le palais royal. Elles portent sur la remise des documents mais échouent pour une question de gros sous. Du coup, l'ancien proche du roi décide d'étaler l'affaire sur la place publique. En juin 1999, il achète dans le *Washington Post* un encart publicitaire où il publie une « lettre ouverte » à Hassan II. S'estimant victime « d'intrigues et de machinations », le jeune homme demande « respectueusement » au souverain alaouite la levée du mandat d'arrêt lancé contre lui et la restitution de l'ensemble de ses biens. La requête s'accompagne d'une menace à peine voilée. « Comprenez Majesté, écrit-il, que, pour ma défense et celle de mes proches, j'ai préparé des dossiers qui contiennent des informations [...] dommageables pour votre image à travers le monde. »

En France, *Le Monde* reprend l'information quelques jours plus tard et en profite pour dévoiler l'affaire des chèques volés au palais, dont personne n'avait parlé jusqu'à présent. Quel scandale ! Dans un ensemble presque parfait, la presse marocaine, toutes tendances confondues, se déchaîne contre « l'immonde » quotidien du soir, accusé de tous les maux.

Pour enfoncer le clou, André Azoulay, le conseiller

1. Selon les termes qui figurent dans la demande d'extradition adressée le 27 août 1999 par le parquet du tribunal de grande instance de Paris.

économique du roi, bien introduit dans les milieux français, écrit au *Monde* pour dénoncer « un tissu d'insanités », une « information [...] scandaleusement fausse [faite] pour nuire au royaume du Maroc et à ses institutions ou pour satisfaire aux fantasmes de ceux qui décidément s'accommodent mal de ce pays et de ce roi qui ont l'audace d'évoluer dans la bonne direction ». L'article, ajoute-t-il, est « une construction où la fiction l'emporte sur la manipulation et où la haine le dispute à la désinformation ».

Même l'ambassadeur de France au Maroc, Michel de Bonnecorse, sortant de son rôle, accepte de participer à la campagne de dénigrement. Il se fend d'une lettre au directeur du *Monde* pour regretter que le quotidien ait repris « les élucubrations d'un faux-monnayeur [qui] jettent un soupçon sur le palais ». Et de conclure : « Malgré cette volonté manifeste de nuire au royaume et cette démarche si peu professionnelle, le numéro du *Monde* est en vente libre dans les kiosques mais je redoute que sa crédibilité soit en chute libre. »

Dans le même temps, Rabat allume des contre-feux. Le directeur de cabinet de Driss Basri contacte *Le Figaro.* L'argument qu'il fait passer dans les colonnes du quotidien rappelle celui qui avait été employé lors de la publication de *Notre ami le roi.* Les menaces de Mandari, écrit-il, ne sont qu'une « tentative de déstabilisation des relations franco-marocaines par certains milieux traditionnellement hostiles », à quelques semaines de l'ultime venue de Hassan II à Paris[1]. L'explication est un peu courte mais l'important est de discréditer Mandari et de s'opposer à tout ce qui peut

1. *Le Figaro* du 19 juin 1999.

ternir l'image de la monarchie. L'opération a d'ailleurs été un succès. En témoigne, par exemple, la mésaventure survenue à l'équipe de l'agence Capa, une société de production audiovisuelle partie interviewer Hicham Mandari, incarcéré dans la prison fédérale de Miami, en attente d'une extradition vers la France. Le sujet, qui devait être diffusé au *Vrai Journal*, une émission à succès de Canal +, sera déprogrammé après l'intervention amicale d'un conseiller du roi.

La suite de la saga est tout aussi rocambolesque mais elle reste indéchiffrable. Après son extradition, Mandari va faire plusieurs mois de prison en France avant d'être libéré sous caution. Il aurait pu en profiter pour disparaître. Ce n'est pas ce qu'il fait, au contraire. Le combat qu'il a entamé contre Hassan II, l'enfant terrible du *makhzen*[1] le poursuit contre Mohammed VI qu'il avait d'ailleurs mis en cause dès le départ dans l'affaire des chèques volés. Mandari utilise toutes les armes disponibles. Dans la presse marocaine ou étrangère il multiplie les provocations, allant même jusqu'à se présenter comme un fils naturel de Hassan II et de Farida. Désireux de se forger une stature d'opposant politique, il crée de toutes pièces un fantomatique Conseil national des Marocains libres. Parce que l'Algérie est en froid avec son voisin marocain, il lui fait des offres de service. Au Front Polisario, qui milite pour l'autodétermination du Sahara occidental, il demande d'accueillir ses militants dans le Sud algérien et de leur enseigner le maniement des armes. Et toujours, il menace de dévoiler les fameux documents contre la monarchie.

1. Le *makhzen* renvoie au pouvoir traditionnel, émanant du palais royal, par opposition à celui que représente l'État moderne.

L'activisme de Mandari l'entraîne dans une spirale mortelle. À trois reprises, il a fait l'objet d'une tentative d'assassinat en région parisienne. Leurs auteurs courent toujours. La dernière en date, en avril 2003, manque réussir. Le Marocain se retrouve à l'hôpital avec trois balles dans le corps et des séquelles pour les quelques mois qui lui restent à vivre, jusqu'au dénouement dans le parking souterrain d'une résidence sur la Costa del Sol.

Mandari est donc mort en emportant ses secrets. Où sont les documents si souvent promis et jamais dévoilés, si tant est qu'ils existent ? Entre les mains des autorités marocaines ? Chez un tiers ? Selon son père Mohamed, installé au Moyen-Orient mais bien informé du parcours sinueux de son fils, ils étaient toujours, fin 2004, entre les mains de celui à qui Hicham Mandari les avait remis au tout début de son aventure. L'homme était prêt à les vendre mais au prix fort.

À moins qu'ils ne soient aux États-Unis, au Texas plus précisément, où réside depuis 1995 le Franco-Marocain Ali Bourequat, l'un des ressuscités de Tazmamart. Lorsque, pourchassé par les agents des services français et marocain, Hicham Mandari débarque en Floride à l'été 1998, il est en terre inconnue. L'année suivante, ce n'est plus le cas. Outre un détective et des avocats américains, il connaît l'aîné des Bourequat avec qui il est entré en contact. Les deux hommes vont se revoir et se rapprocher. Ali sera d'ailleurs l'un des témoins cités par l'ancien « conseiller spécial » pour éviter – vainement – l'extradition vers la France.

Certes, rien ne prouve que Mandari, méfiant de nature, ait fait d'Ali Bourequat le dépositaire des secrets dérobés au palais. Rien, mais il y a cette lettre troublante adressée par Ali Bourequat à Mohammed VI en septembre 2002. L'auteur, qui se pare du titre de « chérif fatimide » et parle de lui à la première personne du pluriel, ne cache pas qu'il souhaite rentrer dans les bonnes grâces du nouveau roi. Pour ce faire, il est semble-t-il prêt à tout. « Aujourd'hui, écrit-il, je m'adresse à Votre Majesté pour encore une fois prouver, s'il en était besoin, notre loyauté s'agissant de haute trahison et de faits touchant directement la personne du roi. [...] Contacté il y a deux ans par un avocat [...] je me suis rendu à [la prison fédérale de] Miami et rencontrais Mandari une première fois pendant cinq heures. [Au total], j'ai rencontré Mandari trois fois et suis resté en contact avec lui à ce jour. » Et Ali Bourequat d'ajouter : « De son dossier, que je détiens, il ressort que ce personnage, qui était au service du roi, trahissait son maître, sinon pourquoi était-il besoin de photocopier des documents confidentiels touchant la sécurité même du pays ? » « Le dossier [est] en ma possession », affirme-t-il, avant de conclure : « J'ai l'insigne honneur de demander audience à Votre Majesté pour lui remettre ce dossier et l'entretenir des détails qui l'accompagnent. »

Ali Bourequat a adressé une copie de la lettre au général Benslimane, le patron de la gendarmerie, et à une femme proche de Hassan II qu'il a fréquentée naguère au Maroc. Cette dernière a droit en outre à un mot manuscrit : la situation « est très grave à mon sens [...]. Il vous appartient de prendre en considération les intérêts de votre famille », conclut Ali Bourequat. La destinataire de la lettre n'a pas réagi. On ne se risquera pas à en dire autant du roi et de son entourage.

Hicham Mandari n'est ni le premier ni le dernier qu'une trop grande proximité avec le palais royal a perdu. Le destin tragique des frères Bourequat est aussi lié à des liens trop intimes. Et leur nationalité française ne les a en rien protégés de l'arbitraire royal.

Plus récemment, une autre histoire tout aussi abracadabrante sur fond d'intrigues de cour a bouleversé le palais et mis en émoi les autorités françaises, Élysée compris. Le héros, si l'on peut dire, est Khalid El Quandili.

Quandili est sorti de l'anonymat au début des années quatre-vingt-dix ; il combinait en effet deux traits sans valeur pris séparément mais inestimables sur le plan médiatique si on les rapprochait : cinq années de suite champion du monde d'une discipline d'arts martiaux, la boxe américaine, il était enfant de l'émigration. Arrivé en France en 1961, à l'âge de trois ans, fils de maçon, il avait grandi entre un bidonville de Nanterre et une cité sans joie à Montfermeil. Dans une France inquiète, déjà confrontée à l'effervescence des banlieues, Quandili était l'illustration que de la ceinture des barres de béton autour de la capitale ne sortaient pas que des casseurs ou des trafiquants de drogue. Mieux : il était un modèle. N'avait-il pas créé une association d'insertion des jeunes par le sport ?

Il n'en fallait pas davantage pour que ce jeune homme de taille moyenne, sec, tout en muscles, devienne la coqueluche des médias et des hommes politiques. Droite, gauche, tout le monde courtise Quandili, qui sera récompensé en 1992 par un siège au Conseil économique et social. Edouard Balladur, le Premier ministre, le consulte avant de rédiger un questionnaire pour savoir ce que souhaitent les jeunes. Le ministre de la Ville vient lui demander conseil. Même François Mitterrand est séduit, qui le reçoit à l'Élysée avant de s'inviter à l'hiver 1992 à Épinay-sur-Seine, dans la banlieue nord, où Quandili organise la Nuit des trophées qui récompense les sportifs au service des jeunes dans les cités. Deux proches collaborateurs du prince héritier ont fait le déplacement à Épinay, preuve que les actions de « Khalid le Magnifique », comme on le surnomme, sont suivies de près à Rabat.

L'arrivée de Jacques Chirac à la tête du pays ne fait qu'accroître l'engouement pour Quandili. Bien entendu, le chef de l'État le reçoit. Alain Juppé vient lui rendre visite sur ses terres en banlieue. Ensuite défileront Lionel Jospin et Jean-Pierre Raffarin. En 1996, il avait même été question de nommer Quandili sous-préfet. L'idée, qui n'allait pas être retenue, émanait du ministre délégué à la Ville et à l'Intégration, Éric Raoult. Dans une lettre envoyée au ministre de l'Intérieur, Jean-Louis Debré plaide en sa faveur. « Sa nomination [serait] un signal fort donné en direction des jeunes d'origine maghrébine qui se sentent rejetés », écrit-il. Enfin, il y a l'« intelligence », la « loyauté », le « professionnalisme », le « sens inné » de Quandili.

Les médias ne sont pas en reste. France 2, qui diffuse un portrait du champion de boxe américaine en 1991, donne le ton. Les autres suivent, et dès que la vie dans les banlieues, le malaise des cités, les difficultés d'insertion des beurs reviennent au premier plan de l'actualité, les télévisions se disputent Quandili.

Célèbre en France, il va le devenir dans son pays natal. Le prince héritier lui accorde une audience et

Hassan II l'invite au palais royal. Sa fille aînée, Lalla Meryem, lui obtient une décoration et en fait le représentant en Europe de son association en faveur des enfants.

Il ne reste plus à Quandili qu'à entamer une reconversion professionnelle en tirant profit de son image et de son carnet d'adresses. Il mise sur la télévision. L'enfant de Nanterre n'est pas un néophyte. Avec le concours de la Fondation Hassan II il a lancé en 1993 au Maroc une émission mensuelle destinée aux émigrés. Une autre, hebdomadaire, lui succède, plus audacieuse. Cette fois, il vise plus haut. Ce qu'il veut, ce n'est plus seulement produire des émissions clé en mains mais lancer une chaîne satellitaire en langue française diffusée en clair et sur le satellite. Des opérations de parrainage et la publicité la financeront.

Domiciliée en banlieue parisienne, Atlas TV a de grandes ambitions. Elle veut « devenir la chaîne de référence traitant de l'immigration et de la banlieue » à travers « la culture, le sport, mais aussi l'art, la santé et l'économie ». « Chaîne de la citoyenneté », elle participera, précise la plaquette de présentation, au combat contre les « thèses d'exclusion, de discrimination qui détériorent, de manière importante, les relations humaines et sociales dans nos villes ».

Nous sommes au tout début 2001. Convaincu de la validité de son projet, Quandili loue une fréquence de satellite et se lance très vite dans la production audiovisuelle. Trouver les financements pour démarrer ne paraît pas hors de portée. Le ministre marocain de la Communication l'a assuré de son appui lorsqu'il est venu lui présenter le projet d'Atlas TV deux ans auparavant. Et l'ancien champion de boxe américaine a ses entrées au palais royal. Son épouse[1] fréquente la sœur aînée du jeune roi, Lalla Meryem.

De plus, il y a eu ce coup de fil inespéré du nouvel homme fort de la monarchie, Fouad Ali El Himma, une ancienne connaissance, qui au téléphone lui a proposé un coup de main. Et quel coup de main ! Lorsque Khalid El Quandili débarque à Rabat, le collaborateur le plus proche de Mohammed VI lui offre pour le lancement de la chaîne rien moins que le soutien de deux puissantes entreprises : la Banque centrale populaire (BCP) et la Royal Air Maroc (RAM), la compagnie aérienne nationale[2].

À la surprise de Quandili, lorsqu'il contacte le président de la banque celui-ci tombe des nues. Il n'est au courant de rien. Le projet d'une télévision pour les immigrés de toute façon ne l'intéresse pas et il éconduit son visiteur. Dépité, le chef d'entreprise qu'est devenu Quandili rappelle El Himma, qui va faire la preuve de son influence. Une demi-heure plus tard, en effet, le banquier qui ne voulait pas s'engager sur Atlas TV recontacte le Franco-Marocain. Il s'excuse platement, plaide son ignorance du dossier et, tout mielleux, lui annonce que celui-ci est entre les mains de la RAM et que la banque suivra les orientations de la compagnie aérienne. Le patron de celle-ci, que Quandili rencontre peu après, est on ne peut plus encourageant. De fait, porté sur les fonts baptismaux par le palais, le projet ne peut que réussir.

Pour son promoteur, c'est la consécration. L'enfant

1. Le père de celle-ci figurait parmi les militaires impliqués dans le coup d'État de Skhirat.

2. *Le Journal hebdomadaire* a consacré à l'affaire une enquête fouillée dans son numéro du 29 janvier au 4 février 2005.

de la banlieue, le fils de maçon, est en passe de diriger une chaîne de télévision. Sauf qu'un grain de sable va tout faire échouer et transformer « Quandili le Magnifique » en paria. Ce que fut ce grain de sable n'est pas clair. L'ancien champion de boxe américaine se dit victime d'une cabale montée par des proches de Lalla Meryem. « Par la médisance et la calomnie, confie-t-il au *Journal hebdomadaire*, ils ont tracé un portrait sulfureux de ma personne et l'on ne m'a jamais donné l'occasion de me défendre [...]. Ensuite, c'est l'engrenage : vous devenez un pestiféré, on vous renvoie d'une personne à une autre, on attribue votre disgrâce à l'un puis à l'autre. »

L'explication est un peu courte. Et elle fait abstraction de deux faits, survenus en 2002, et qui ne sont peut-être pas sans lien avec la chute de Quandili et l'éviction de son épouse du palais : une affaire de chantage par lettre touchant la famille royale et la disparition peu après, dans la suite qu'occupe la princesse à l'hôtel Plaza Athénée, à Paris, d'une montre de grande valeur, cadeau de Hassan II à sa fille qu'il aimait tant. À partir de ce moment, coupable ou pas, le héros devient infréquentable. On recherchait sa compagnie. On l'évite. Le projet de télévision séduisait. Il n'intéresse plus personne à Rabat et sa société est mise en faillite.

L'affaire ne s'arrête pas là. Paris est trop proche de Rabat pour que les déboires du champion des banlieues ne le rattrapent pas en France. L'Élysée est alerté par le palais royal. Jacques Chirac donne des consignes de prudence à son entourage. Quandili, à qui le président français a naguère écrit des lettres chaleureuses, sent trop le soufre désormais. Le vent a tourné. La ministre française de la Défense, Michèle

Alliot-Marie, l'avait nommé chargé de mission à son cabinet. Elle lui demande de démissionner. « Alliot-Marie m'a reçu et m'a clairement dit que cette affaire l'indisposait. Je suis parti parce que je ne voulais plus donner d'explication [1] », raconte Quandili.

La suite reste à écrire. Décidé à obtenir réparation devant les tribunaux français, Quandili a en quelque sorte accumulé des munitions depuis sa mise à l'écart. Il l'a fait sans s'embarrasser des méthodes : en enregistrant les conversations qu'il a pu avoir avec tous ceux qui, de près ou de loin, ont été les protagonistes de sa descente aux enfers. De Michèle Alliot-Marie à l'ambassadeur du Maroc en France, Hassan Abouyoub, tout est sur cassette, à la disposition du juge. Dans l'unique enregistrement dont Quandili a publié des extraits, le diplomate, ignorant que la conversation est enregistrée, se laisse aller : « Je suis désolé de te dire que tout cela [...] est un harcèlement organisé [...]. Ils ne te diront jamais qu'ils ont reçu des instructions pour t'attaquer mais c'est comme ça que ça s'est passé [...]. Je ne doute pas une seconde que tu sois de bonne foi mais qu'est-ce que ça pèse aujourd'hui ? Rien ! Zéro ! Il n'y a plus de place pour la bonne foi. Il n'y a de la place que pour la guerre ! »

L'ambassadeur du Maroc en France aurait été mieux inspiré de ne pas s'exprimer sur une affaire aussi trouble à laquelle il était étranger. Depuis il a été remercié sans explication, au grand dam de son ami Chirac. Et il n'a pas retrouvé de fonction officielle.

L'Élysée aurait-il perdu la main ?

---

1. *Le Journal hebdomadaire*, déjà cité.

11.

Un roi à part

Cette vie de cour, avec ses intrigues et ses disgrâces, tourne largement autour d'un personnage énigmatique : le roi lui-même. Lorsque Mohammed VI séjourne en France – ce qui est de plus en plus rare – ou lorsque Jacques Chirac se rend au Maroc – ce qu'il fait au minimum une fois par an –, les agences de presse ont coutume de rappeler, de façon quasi automatique, que des « relations familiales » unissent le roi alaouite au président de la République. La réalité est quelque peu différente.

Le président français vouait une admiration sans bornes à Hassan II. Et il a une tendresse particulière pour sa fille aînée, Lalla Meryem, la « tête politique », la plus cultivée et la plus fragile de la famille, avec qui il a des entretiens téléphoniques bien plus fréquents qu'avec le roi. Entre la princesse et le président français la confiance domine. En revanche, la connivence entre Jacques Chirac et Mohammed VI est un mythe soigneusement entretenu par l'Élysée depuis des années et accepté par le palais royal parce qu'il le sert. Les relations entre les deux hommes obéissent en réalité à des préoccupations qui ont peu à voir avec l'amitié. Le chef de l'État français entend tenir le serment fait à Hassan II avant sa disparition, de veiller sur ses enfants et partant sur le Maroc. Il y va, estime Chirac, de l'intérêt bien compris de la France. Pour Mohammed VI, il est l'allié inconditionnel du trône. Lorsque le Maroc se retrouve en fâcheuse posture au Conseil de sécurité de l'ONU sur le dossier du Sahara occidental ; lorsque Rabat, comme en 2004, déporte dans le désert des émigrés clandestins, les condamnant à une mort presque certaine ; lorsque des pays de l'Union européenne exigent du royaume davantage de démocratie en contrepartie de l'aide financière de Bruxelles, la France est là pour défendre bec et ongles l'ancien protectorat et lui obtenir un traitement de faveur.

On peut se reposer sur elle et Mohammed VI le sait. Pour le reste... Les liens entre le roi et le président français sont lâches et lointains. Importante, la différence d'âge pèse. Les amis étrangers du souverain appartiennent à la même génération que lui. Ce sont l'émir du Bahreïn, un minuscule État du Proche-Orient, Ali Bongo, le fils du Gabonais Omar Bongo, et Karim Wade, le fils du président du Sénégal. Il n'y a pas de septuagénaire dans leurs rangs. L'ombre de Hassan II pèse également. Mohammed VI a écarté tous ceux qui furent les collaborateurs de son père. Certes, une poignée d'entre eux subsistent au palais mais à titre honorifique. Ils ont perdu leur influence. Jacques Chirac, lui aussi, est victime du même phénomène. Il est un allié, pas un ami ; un conseiller peut-être, pas un confident.

Tout juste monté sur le trône, Mohammed VI avait prévenu : il ne changerait pas son mode de vie. « J'ai décidé de ne rien modifier, absolument rien, à ma vie d'avant[1] », confiait-il à l'envoyée spéciale de *Paris Match*. Il a tenu parole, au grand dam d'ailleurs de Jacques Chirac. C'est un roi vagabond et lointain qui est à la tête du Maroc. Il a pris goût au pouvoir et à ses plaisirs musqués mais n'a que peu d'appétence pour les inconvénients de la charge. Il évite les réunions internationales et les rencontres avec ses pairs. Lors d'un sommet des pays non alignés, à Kuala Lumpur, en février 2003, « il passe plus de temps à faire du shopping de luxe et à remplir de chinoiseries l'avion spécial qui l'accompagne qu'à multiplier les entretiens bilatéraux[2] », écrit Ignace Dalle. La même année, invité par le président français au « G 7 élargi » d'Évian, il boude le sommet, préférant faire du jet-ski sur la côte marocaine. Plus récemment, fin novembre 2005, soit deux mois après les événements tragiques de Ceuta et Melilla, l'émigration était au menu de la conférence euro-méditerranéenne de Barcelone. Le roi n'y a pas participé, alors que son pays était concerné au premier chef[3]. Quelques jours plus tard, au sommet Afrique-France, Mohammed VI a également brillé par son absence. Le roi était au Japon pour une visite officielle de trois jours, prolongée par un séjour privé de plus d'une semaine.

Le monarque est coutumier des longues escapades dans le sillage des voyages d'État. L'une des plus fameuses – uniquement parce que la presse en a eu vent – remonte à 2004 lorsque, dans la foulée d'une

1. *Paris Match*, 13 mai 2004.

2. Ignace Dalle, *Les Trois Rois. La monarchie marocaine de l'indépendance à nos jours*, *op. cit.*

3. À l'instar de la plupart des chefs d'État du sud de la Méditerranée.

tournée de près de deux semaines en Amérique latine, le roi a décidé de prendre ses quartiers d'hiver sur l'île de Saint-Domingue. Pas n'importe où. Le souverain a jeté son dévolu sur la zone la plus huppée d'un vaste complexe hôtelier à l'est de la capitale. Trois villas avaient été retenues à son intention. Dans cette partie de l'île, le prix de location d'une maison peut frôler 10 millions de dollars par an [1]. Le souverain était venu en célibataire mais pas incognito : pas moins de trois cents personnes l'accompagnaient ainsi que trois avions gros porteurs pour les bagages. La caravane n'est pas sans rappeler celle, d'une importance voisine, qui avait précédé Mohammed VI venu passer, au début de son règne, moins de quarante-huit heures au Cameroun.

Certaines fugues du roi – de « la gazelle », pour reprendre l'image d'un des services de renseignement français – sont tenues secrètes, qu'il fasse du jet-ski, son sport favori, sur la côte gabonaise où le président Bongo a mis à sa disposition une zone côtière isolée, de la plongée sous-marine au Sénégal, du tourisme dans la capitale italienne, ou autre chose.

Le souverain marocain est tout sauf un bourreau de travail, même s'il affirme avoir « en général » un emploi du temps « très chargé » [2]. « Mohammed VI commence tard et finit tôt ses journées [3] », observe l'envoyé spécial du *Figaro* dans un article peu amène

---

1. Les vacances luxueuses de son frère, Moulay Rachid, à Acapulco ont aussi suscité de nombreux commentaires.

2. *Paris Match*, déjà cité. *Le Canard enchaîné* s'était fait l'écho, au printemps 2000, d'une rumeur selon laquelle Chirac, au cours d'un entretien avec le roi, aurait conseillé à « son jeune protégé » de « travailler davantage ».

3. *Le Figaro*, 16 novembre 2005.

sur le fils aîné de Hassan II. La lecture de *Paris Match* ou le visionnage d'un thriller américain mobilise l'héritier du trône alaouite davantage que l'examen des rapports gouvernementaux. Un baromètre fiable de l'activité de Sa Majesté est *Le Matin du Sahara*. Lorsque Mohammed VI n'est pas aux abonnés absents, le quotidien officieux du palais se fait un devoir d'annoncer en première page que le souverain a reçu un ministre ou un ambassadeur étranger, envoyé un message de félicitations à un chef d'État à l'occasion de la fête nationale, posé la première pierre d'un programme de logements sociaux ou d'une œuvre caritative, inauguré un tronçon d'autoroute... La fréquence des Conseils des ministres est un autre indicateur. Au cours de l'année 2005, année pourtant faste comparée aux précédentes, il n'en a présidé que quatre, à chaque fois dans un palais différent : Agadir, Tanger, Casablanca, Marrakech. Aucun ne s'est tenu à Rabat, la capitale politique où siège le gouvernement. Aux ministres de se déplacer avec leurs dossiers.

Il est vrai que le gouvernement ne pèse guère au Maroc, où il n'est qu'une chambre d'enregistrement, une courroie de transmission entre le trône et l'administration. Résultat, les tête-à-tête entre le roi et le chef du gouvernement sont exceptionnels. Même si les élections scandent la vie politique, l'essentiel du pouvoir réside au palais royal où quelques conseillers se font les interprètes des décisions du souverain.

Ces hommes de confiance ne sont pas ceux de son père. Pour constituer sa garde rapprochée, Mohammed VI a puisé dans le vivier du collège royal parmi les jeunes gens – des quadragénaires aujourd'hui – qui l'ont accompagné tout au long de ses études secondaires et que vilipende aujourd'hui Jacques Chirac. Le directeur du cabinet royal, le patron du contre-espionnage et l'ancien porte-parole du palais (disgracié en 2005) font partie de cette « génération Internet », baptisée aussi « génération Amnésia », du nom d'un night-club naguère fréquenté par le prince héritier et ses amis à Rabat.

Le plus connu de ces conseillers est Fouad Ali El Himma. Ministre délégué à l'Intérieur, sa proximité avec le roi, qu'il avait suivi à l'université, explique qu'on lui prête un pouvoir considérable, supérieur à celui du ministre de l'Intérieur. El Himma a contraint les islamistes – que la monarchie endigue avec une indéniable efficacité – à refréner leurs ambitions électorales en ne présentant de candidats aux municipales que dans un nombre réduit d'agglomérations. Il a poussé à la création d'une commission chargée de solder les « années noires » du règne de Hassan II. Certes, les victimes ne peuvent pas interpeller les bourreaux mais c'est un ancien détenu politique qui la préside, réelle manifestation du libéralisme politique qui a marqué les débuts du règne du jeune roi.

Homme secret et calculateur, Himma sait mieux que personne combien sa fortune est à la merci du bon vouloir du roi. Or, comme Mohammed VI est « impulsif » – il l'admet volontiers –, son ministre délégué cultive une discrétion et une prudence qui sont les garantes de sa survie.

L'action de la monarchie s'en ressent. Des diplomates européens ont retiré d'audiences avec le roi la conviction que ses conseillers l'informaient mal, de façon biaisée. Ce fut le cas à propos du Sahara occidental lorsque Mohammed VI s'est flatté, dans l'interview au *Figaro*, d'avoir résolu le problème ; ce fut le cas aussi avec la crise de l'îlot Persil. Pourquoi avoir décidé d'envahir ce rocher inhabité au risque de créer une crise avec l'Espagne voisine ? Ce fut le cas enfin avec l'abandon des émigrés subsahariens dans le désert, une décision qui n'a pas pu être prise sans informer le palais. À l'époque des téléphones portables et de la multiplication des associations de défense des droits de l'homme, comment imaginer que le drame des Africains resterait sans témoins ? « Le roi ne maîtrise plus rien. On ne sait même plus qui contrôle le régime », lâchait en petit comité, au printemps 2002, le directeur Afrique du Nord du Quai d'Orsay, Yves Aubin de La Messuzière [1]. Il n'avait pas tort.

Or Mohammed VI n'est pas un communicateur assez habile pour masquer vraiment cette situation. Ses interventions à la télévision sont rares et laborieuses, au point que dans un éditorial remarqué le directeur d'un hebdomadaire local lui a respectueusement conseillé l'acquisition d'un prompteur. « Le roi, en plus, a l'avantage du différé [...] ce qui lui permettrait de refaire les prises tant qu'elles ne sont pas bonnes. Zéro risque, bénéfice maximum [2] », ironise le journaliste.

Visiblement mal à l'aise en public, le roi n'a jamais tenu (et ne tiendra sans doute jamais) de conférence de presse. Autant son père aimait à rencontrer les journalistes étrangers – les seuls dignes de l'approcher semble-t-il –, autant son fils les fuit comme la peste. Lorsqu'il ne peut faire autrement que de les recevoir, un luxe de précautions entoure l'entretien. Ceux qui eurent le privilège de s'entretenir avec lui lors de sa

1. Cité par *Le Canard enchaîné* du 22 mai 2002.
2. *Tel Quel*, 21-27 mai 2005.

visite officielle en France se souviennent des exigences imposées par l'entourage : il fallait s'engager à ne prendre aucune note ni à mentionner par la suite les quelques minutes passées en compagnie du monarque. Comme l'entretien se déroula à la satisfaction du palais, l'une des interdictions fut levée et les journalistes furent même invités à faire savoir dans leurs organes de presse respectifs qu'ils avaient rencontré Mohammed VI.

Les interviews qu'il a accordées ne dépassent pas la demi-douzaine en sept ans de règne. Hormis le cas de *Paris Match*, devenu le magazine privilégié de la monarchie en matière de communication, le roi ne se résout à l'épreuve de l'entretien que pour respecter la tradition qui veut qu'un chef d'État à la veille d'une visite officielle s'exprime dans un grand média du pays où il se rend. Dans ce cas de figure, les questions doivent être soumises au palais à l'avance et les réponses font l'objet de multiples réécritures avant la publication. De là sans doute le peu d'intérêt des interviews royales.

Mohammed VI entretient des relations chaotiques avec sa famille. Son épouse, la princesse Selma, l'accompagne rarement dans ses voyages officiels. Avec les autres, les liens sont distendus. Propriétaire d'un appartement à Manhattan, Moulay Rachid est fréquemment en goguette. Les sœurs, qu'inquiète la tournure prise par le règne de leur frère, s'inventent d'autres vies souvent hors du Maroc.

C'est avec son cousin Moulay Hicham, numéro trois dans l'ordre de la succession au trône, que les relations sont le plus orageuses. Moulay Hicham est l'antithèse du roi, dont il est le cadet. Autant l'un apparaît introverti, crispé, mal à l'aise en public, et indifférent à la marche du monde, autant le cousin se veut chaleureux, ouvert et curieux de tout. Mis à l'abri du besoin grâce à la fortune laissée par son père (le frère de Hassan II), Moulay Hicham mène une vie de citoyen du monde. Aux États-Unis, où il réside une bonne partie de l'année, il finance une fondation de sciences politiques qui porte le nom de son grand-père. En France, il parraine et intervient dans des colloques très sérieux sur l'avenir des monarchies ou la démocratisation dans le monde arabe. À l'occasion, il signe des tribunes dans *Le Monde diplomatique*, un mensuel peu suspect de monarchisme. À la demande du secrétaire général des Nations unies, Kofi Annan, il a accepté une mission de plus d'un an dans l'ex-Yougoslavie comme bras droit de Bernard Kouchner, devenu depuis son ami. Demain, si Bill Clinton ou Jimmy Carter – dont il est proche – l'appelle, il viendra.

Moulay Hicham, que ses idées progressistes ont fait surnommer « le prince rouge », s'est forgé une image qui est l'inverse de celle de Mohammed VI. Du coup, les comparaisons fleurissent qui opposent à un monarque déroutant et insaisissable son cousin de plain-pied dans la modernité. Comment le Commandeur des croyants n'en prendrait-il pas ombrage ? Du coup, les rapports entre les deux cousins sont exécrables, et tout est prétexte à vexation. À Paris, à la veille de l'inauguration d'une place portant le nom de Mohammed V, en décembre 2002, l'Élysée en charge d'établir la liste des invités y a inclus Moulay Hicham. Il est l'un des petits-fils du premier roi du Maroc postcolonial. Veto du palais. Tractations entre Paris et Rabat. En fin de compte, chacun fera liste à part, si l'on peut dire.

Il y a aura celle des Marocains et celle des Français – laquelle inclura le « prince rouge ».

Fin novembre 2005, lorsque la monarchie a célébré le cinquantième anniversaire de l'indépendance du royaume, les spécialistes ès monarchie ont découvert Moulay Hicham à la tribune. Depuis les obsèques de Hassan II, c'était la première apparition du prince à une cérémonie officielle. L'initiative venait du roi. Quelques jours auparavant, il avait contacté un membre de la famille de Moulay Hicham pour s'assurer qu'une invitation du palais ne serait pas rejetée par le cousin.

Mais de retrouvailles il n'y en a point eu. Le protocole royal avait prévu la présentation par le souverain à ses invités étrangers – dont le Premier ministre français Dominique de Villepin – des enfants et petits-enfants de Mohammed V, donc du « prince rouge ». Plutôt que de devoir adresser la parole à son cousin, le roi a préféré ne présenter personne et quitter les lieux dès la fin de la cérémonie. Du coup, l'entretien du souverain avec le Premier ministre espagnol Zapatero a disparu du programme.

Le montant du budget de la cour a aussi beaucoup fait jaser depuis que l'hebdomadaire *Tel Quel*, brisant avec habileté un tabou, en a donné les grandes lignes. Non qu'auparavant tout fût caché. Le budget était inscrit dans la loi de finances mais depuis des décennies il ne fait traditionnellement l'objet d'aucune discussion au Parlement, qui l'adopte tel quel. Désormais, les Marocains savent que le budget de la cour royale – dotation à la famille royale, entretien des palais, salaire des membres du cabinet royal, des chargés de mission... – absorbe chaque année autant que le ministère de la Justice et davantage que les ministères de l'Agriculture et du Tourisme réunis. Depuis 1999, année de l'accès de Mohammed VI au trône, le budget de la cour a augmenté de plus de 40 %, bien davantage que celui de la santé.

Une comparaison avec la France est éclairante. Le salaire de Mohammed VI est quatre fois supérieur à celui perçu par le président de la République. Au Maroc, le budget de la maison royale équivaut à 7 % environ de celui de l'éducation, alors que l'Élysée et Matignon confondus n'absorbent que 1 % de l'enveloppe éducation en France. Si l'on prend le budget de la santé comme étalon, le ratio demeure : la cour marocaine est nettement plus budgétivore que l'Élysée et Matignon réunis.

Dans un pays où un Marocain sur six vit avec moins d'un euro par jour, ces chiffres donnent le vertige. « Les gens aimeraient savoir comment la famille royale fait pour dépenser autant d'argent », s'étonne le président d'une association de défense des droits de l'homme, Abdelhamid Amine.

L'état de la fortune personnelle de Mohammed VI – surnommé « le roi des pauvres[1] » au début du règne – est un autre sujet de discussion. Son montant est inconnu. Le magazine américain *Forbes* l'estimait il y a quelques années entre 4 et 5 milliards de dollars. Dans une lettre ouverte à Mohammed VI qui venait de monter sur le trône, un dirigeant islamiste l'évaluait de son côté à 40 milliards de dollars. Le chiffre est fantaisiste

1. Plus personne dans le royaume ne le dit. D'autant que Mohammed VI a indiqué qu'il se voulait autant le roi des riches que le roi des pauvres.

mais la vérité est que le roi du Maroc, même s'il a dû partager avec les trois autres enfants de Hassan II, est la première fortune du royaume. C'est aussi « le premier homme d'affaires du pays », a fait observer fin 2005 l'avocat Abderrahim Berrada, un militant célèbre des droits de l'homme. « Quand la plus haute autorité intervient dans le domaine économique dans un État où font défaut les garanties de concurrence honnête [...] nous ne sommes plus seulement face à un pouvoir absolu politique mais aussi économique [1] », a-t-il expliqué. Et d'ajouter : « Il n'est pas logique que l'on exige des fonctionnaires de déclarer leurs biens et qu'on ne demande pas la même chose au chef de l'État. » Pour l'avocat, « le roi doit abandonner toute activité économique [...] car cette activité suscite des critiques, des rumeurs et entame la crédibilité des institutions ».

Il est permis de douter que Mohammed VI suive jamais cette recommandation.

1. *Assahifa*, 9 décembre 2005.

12.

Chute d'un « grand vizir »

La nuit tombe sur Paris qu'enveloppe un crachin hivernal. Dans un bel appartement de l'avenue d'Iéna, non loin des Champs-Élysées, l'ancien ministre de l'Intérieur de Hassan II feuillette attentivement le catalogue d'Hédiard, l'épicerie fine. Dans la salle de séjour un écran de télévision déverse à tue-tête son flot de nouvelles en provenance du Proche-Orient. Nous sommes en décembre 2004. Noël approche. C'est l'époque des cadeaux et Driss Basri fait son marché. « Pour Chirac, ce sera entre 220 et 230 euros », maugrée-t-il en parcourant les pages de la *price list* joliment imprimée sur un catalogue aux couleurs vives. Soudain, il se ravise. « Faut pas exagérer. Ce serait trop. » Il a repéré un panier garni – un flacon de sauternes, une bouteille de bordeaux appellation Haut Médoc, un pâté de Chalosse, un foie gras, des chocolats – à 150 euros. « 150 euros, c'est bien », conclut-il.

La carte qui accompagnera le présent est déjà prête. Elle mélange formules passe-partout et phrases manuscrites. « Cher ami, Driss Basri, ancien ministre de l'Intérieur du royaume du Maroc et professeur d'université, vous exprime ses vœux les plus chaleureux de bonheur, de santé et de succès, à l'occasion de la nouvelle année. Avec ses meilleurs souvenirs. » À l'intention du président français, l'ancien « grand vizir » a ajouté de son écriture un peu tremblée : « Affectueusement à toi et à la famille. » À son visiteur, il glisse : « Il vaut mieux faire de la politique avec un ami qu'avec un ennemi. »

Le rituel n'est pas terminé. Il faut téléphoner à l'une des secrétaires particulières du président (chacune aura droit à une boîte de chocolats fins de la même maison) et la prévenir qu'un cadeau « pour Jacques, Bernadette, Claude et Martin [le petit-fils du président] » sera déposé à la loge de la présidence « dans une heure ou deux » [1].

Viennent ensuite les autres, les privilégiés qui auront droit à un présent sucré en direct de chez Hédiard, et les seconds couteaux qui devront se contenter d'une carte de vœux signée de la main du « grand vizir » avec une bouteille de vin marocain à la clé. Au total, plus d'une centaine de noms. S'y côtoient des hommes politiques catalogués comme « présidentiables » (Nicolas Sarkozy) et des étoiles pâlissantes (Charles Pasqua), des hommes d'extrême droite (Jean-Marie Le Pen) et des consciences de gauche (Robert Badinter), des amies du Maroc (Élisabeth Guigou) et des défenseurs des droits de l'homme (Pierre Sané, ancien directeur d'Amnesty International), des couturiers célèbres, des mandarins du monde médical, d'éminents juristes, et une kyrielle de journalistes de tous bords...

C'est une tradition que perpétue Driss Basri. Minis-

---

1. Quelques semaines plus tard, Driss Basri dit avoir reçu un mot de remerciement du président français. « Je ne sais pas ce qu'il y a dedans. Je ne l'ai pas ouvert », confie-t-il à son visiteur.

tre de l'Intérieur et de l'Information, bras droit de Hassan II durant près d'une vingtaine d'années, il inondait Paris de ses cartes de vœux et de ses présents. Il continue. Sauf qu'il n'est plus que le fantôme pathétique d'une époque révolue. Il y a quelques années, il était un homme choyé par la classe politique française. Aujourd'hui ses amis français l'évitent – à quelques exceptions près. Il fait figure de gêneur.

Car il lui est arrivé malheur : il est tombé en disgrâce. Son sort a été scellé le 9 novembre 1999. Un peu plus de trois mois après la disparition de Hassan II, Mohammed VI convoque son ministre de l'Intérieur au palais et le congédie comme un valet de chambre. Tout le monde applaudit – la classe politique, le monde des affaires, la presse marocaine et étrangère – une décision qui marquera, pense-t-on, la rupture entre les deux règnes. En limogeant le Premier ministre *bis* de son père, Mohammed VI témoigne qu'un nouveau Maroc est en train d'émerger.

Tout le monde se trompe. La démission forcée du « grand vizir » n'obéissait à aucun calcul politique. Elle était avant tout la vengeance personnelle du jeune roi. Basri était remercié non pas à cause de la politique qu'il incarnait mais parce que le souverain n'avait jamais supporté le courtisan obséquieux, le flic trop bien informé, le collaborateur qui avait l'oreille de Hassan II. Là où on voulait voir un geste d'émancipation spectaculaire, il n'y avait que de l'antipathie et de la rancœur.

La suite ne sera qu'une succession de gestes désordonnés et contradictoires. D'un côté, Mohammed VI décerne au ministre qu'il vient d'évincer du gouvernement la plus prestigieuse des décorations du royaume. De l'autre, l'ancien « grand vizir » est privé de sa pension d'ancien ministre. Et lui qui avait reçu en cadeau de Hassan II deux fermes agricoles approvisionnées en eau par le palais voit les robinets se fermer du jour au lendemain sans explication. Mohammed VI couvre de cadeaux la fille de Basri pour son mariage et dans le même temps met en place une surveillance policière serrée autour de son père. « On veut ma peau », se persuade Basri. C'est faux : en juillet 2003 il obtient de pouvoir quitter le Maroc et de se rendre à Paris pour des soins médicaux (pris en charge par le palais royal).

Les problèmes de santé étaient réels mais ils ont été mis en avant par l'ancien ministre pour fuir le Maroc. Revenu à Paris après un bref retour à Rabat, Basri que l'on disait à l'article de la mort ressuscite. Il était soi-disant souffreteux. Il se porte comme un charme. Il reçoit à son domicile parisien, un appartement cossu dans le XVIe arrondissement, ou chez Lipp, la brasserie du boulevard Saint-Germain où Mehdi Ben Barka avait rendez-vous avant d'être enlevé. On le croise sur les Champs-Élysées et les terrains de golf de la région parisienne. L'homme est au mieux de sa forme, prêt à en découdre avec un roi coupable de l'avoir évincé et, surtout, de dilapider l'héritage politique laissé par Hassan II.

Il faut avoir entendu l'ancien homme lige du roi défunt faire le procès du nouveau régime et vitupérer les « analphabètes », les « nains » qui sont aux commandes, les « rapaces » qui entourent le trône. Ils sont en train de perdre le Sahara occidental et de mettre le pays en faillite, fulmine-t-il devant les journalistes qui viennent l'interroger à son domicile parisien, au milieu d'une collection de plusieurs dizaines de photographies où il campe au côté de Hassan II, de

Jacques Chirac et de... Mohammed VI. Les témoignages à la télévision de quelques-unes des victimes des « années de plomb » du règne de Hassan II ? « Une opération de marketing et de publicité. » La législation antiterroriste votée par le Parlement au lendemain des attentats islamistes de Casablanca ? Une façon de balayer « d'un coup tous les acquis et de tendre un gigantesque guet-apens aux islamistes ».

Basri ne s'embarrasse pas de précautions. Il cogne dur, y compris, en privé, contre Mohammed VI que, tel un personnage de Molière, il encense de façon ridicule en public (« le roi, c'est notre bijou, notre diamant, la cerise sur le gâteau. Je le glorifie, je l'embellis, je lui fais tous les liftings [1] »). Au Maroc, il était en position de faiblesse. En France, il rend coup pour coup, malmène ses détracteurs, défie ceux qui l'accusent d'avoir accumulé une fortune de le prouver, se moque des anciens opposants convertis du jour au lendemain au régime monarchique et, à l'occasion, traîne devant la justice française ceux qui, estime-t-il, le diffament.

Pour faire taire celui qui se proclame « le seul opposant au gouvernement », Rabat dispose au début d'une arme. Basri est un sans-papiers de luxe, un exilé quatre-étoiles. Quelques mois après son arrivée sur le sol français, la date de validité de son passeport a expiré [2]. Pas de passeport, donc pas de possibilité d'obtenir le renouvellement du permis de séjour. L'ancien ministre, en théorie, pourrait être expulsé par les autorités françaises comme n'importe quel clandestin

1. *Jeune Afrique-L'Intelligent*, 6-12 mars 2005.
2. En fait, Basri possédait deux passeports : un passeport diplomatique, échu, et un passeport ordinaire avec lequel il voyageait.

en situation irrégulière. La ficelle est un peu grosse mais solide.

Dès lors – nous sommes en 2004 – commence une partie de poker menteur où Driss Basri excelle. Face à des adversaires qui ont le droit de leur côté, sa stratégie est claire : être ouvert à tout sans rien céder sur le fond. Ses armes seront celles d'un vieux routier de la politique qui a été à bonne école. Il utilisera la ruse, la duplicité, le mensonge s'il le faut, et s'appuiera sur les réseaux construits au fil des années.

L'important est de se concilier Chirac, son ami de trente ans, maintenant installé à l'Élysée. À tout le moins, de le neutraliser. Leurs routes se sont croisées au soir de la présidence de Georges Pompidou, lorsque le député de Corrèze faisait ses premières armes de ministre place Beauvau. Depuis, ils sont devenus très proches. Époque bénie. Ils se tutoient, s'embrassent quand vient le temps des retrouvailles et partagent de petits secrets[1]. Le président français a été le parrain d'un des enfants du ministre marocain, étudiant en sciences politiques à Paris. Basri a hébergé Claude, la fille du président, à son domicile. Lorsqu'elle s'est mariée, le « grand vizir » était de la fête du début à la fin. « Sarkozy, lui, n'était convié qu'à la cérémonie officielle et à l'apéritif qui a suivi. Moi, j'y étais non-stop et logé à deux pas du château de Bity[2] », précise-t-il.

Mais la chute de la maison Basri a modifié la donne.

---

1. « Toi qui es ministre de l'Intérieur d'un pays arabe, il faut que tu saches que [suit le nom d'un émir du Golfe] est homosexuel », lâche un jour Chirac, alors Premier ministre, à Basri.

2. Le château de Bity appartient à la famille Chirac. Entretien avec l'auteur, janvier 2004.

Vu de l'Élysée, l'ami très cher est devenu une source de problèmes entre la France et le Maroc. Le dossier échappe d'ailleurs à la compétence du ministre de l'Intérieur et de ses services. « Il est traité en face, au Château », lâche à un « ami du Maroc » venu aux nouvelles le directeur de cabinet de Dominique de Villepin, ministre de l'Intérieur de l'époque. C'est tellement vrai que lorsque, au printemps 2004, le préfet de police de Paris, Jean-Paul Proust, écrit à Basri qui lui a demandé des éclaircissements sur sa situation, la réponse est un bel exemple d'hypocrisie : « [...] Enfin, s'agissant de votre situation personnelle au regard du séjour, j'ai demandé à ce qu'on examine rapidement les pièces du dossier afin de déterminer le cadre réglementaire le plus adapté [...]. »

Des deux côtés il est vital d'avoir le président français dans son camp. À tout prix. L'ambassadeur du Maroc en France, Hassan Abouyoub, plaide à l'Élysée que Basri a été grossier à l'égard de Mohammed VI, car il a refusé par deux fois de s'entretenir avec lui par téléphone. Faux, archifaux, rétorque l'ancien ministre, qui se fend d'une lettre au conseiller diplomatique de Jacques Chirac pour dire que tout n'est qu'invention de personnes cherchant à lui nuire et que, si Mohammed VI avait cherché à le joindre, il se serait précipité pour lui répondre.

Dans cette guerre picrocholine, tous les coups sont permis. Même les plus maladroits, si l'on peut dire. À l'été 2004, l'ambassadeur du Maroc, par exemple, s'oublie et lâche au *Canard enchaîné* : « Voilà un homme [Driss Basri] qui n'a plus de papiers et que la France n'expulse pas. Les jeunes dans la même situation n'ont pas droit à pareil traitement. » Et de conclure : « Il existe deux poids et deux mesures dans votre pays[1]. » Le diplomate bavard aurait mieux fait de garder ses réflexions pour lui. Elles ont indisposé l'Élysée. Basri jubile. Il a marqué un point.

Il lui reste à pousser son avantage. Trois fois de suite au moins, il écrit à Jacques Chirac des « adresses », comme il dit, rédigées avec l'aide de quelques-uns de ses amis tous proches de l'Élysée, pour expliquer son point de vue, dire toutes les vexations qu'il a subies depuis la disparition de Hassan II et rappeler son attachement au trône alaouite. Le président du Conseil constitutionnel Pierre Mazeaud, l'ancien ministre de la Sécurité Robert Pandraud sont quelques-uns de ses conseils. Mais il n'y a pas qu'eux. Pour l'épauler dans ses combats tous azimuts, Basri fait travailler pas moins de sept avocats dont il énumère avec gourmandise les noms et les spécialités. L'un est le spécialiste des recours pour les réfugiés politiques, l'autre un pénaliste hors pair, le troisième un ténor du barreau en matière de droit de la presse. Il a enrôlé le plus réputé des avocats d'affaires de Paris, un autre expert en grande criminalité[2]... Ces grandes robes noires ne lui coûtent pas cher, prétend Basri : « C'est eux qui devraient me payer tellement je leur ai fait gagner d'argent au Maroc. »

Au jeu du chat et de la souris, l'ancien vizir est un virtuose. Il accumule les munitions. Il a sous le coude les noms des premiers signataires d'une pétition de soutien qu'il a lancée auprès de ses amis au cas où Chirac le lâcherait. À l'intention de l'Élysée, il laisse courir le bruit qu'il pourrait alors entamer une grève

1. *Le Canard enchaîné*, 16 juin 2004.

2. Ce dernier, explique-t-il, au cas où le patron des services de renseignement marocains chercherait à lui nuire.

de la faim. Rusé comme pas un, lorsque le palais royal propose à Driss Basri de lui renouveler le passeport mais à condition qu'il fasse le déplacement à Rabat pour venir le récupérer, il devine le piège. L'Élysée a beau proposer de le faire accompagner par un haut fonctionnaire, l'ambassade de France au Maroc a beau lui garantir qu'il aura la carte de séjour longue durée dans les minutes qui suivront l'obtention du passeport, le « grand vizir » n'en démord pas. C'est un traquenard qu'on lui tend. On veut le faire rentrer au Maroc pour ne plus l'en laisser sortir. Mais de cette conviction il ne fait pas état dans la lettre transmise à l'Élysée. La missive est autrement plus habile. Pour justifier l'impossibilité pour lui de retourner au Maroc, il joint un certificat médical. La Faculté lui déconseille tout déplacement en avion. Pour prouver sa bonne volonté, cependant, Basri propose que l'un de ses enfants fasse le voyage à sa place. Flanqué, bien entendu, de l'émissaire de l'Élysée. L'affaire en restera là. Le palais a perdu une manche. La confiance règne !

Le dernier acte a lieu quelques mois plus tard, à l'été 2005. Mohammed VI est à Paris où il est venu présenter son fils, le prince héritier, à Chirac. Que se sont dit les deux hommes dans le secret de l'Élysée ? On l'ignore mais le résultat est là : le roi n'avait pas encore quitté Paris que l'ambassade du Maroc contactait l'ancien ministre de Hassan II pour l'informer qu'un nouveau passeport allait lui être livré à domicile dans l'heure qui suit. C'est ce qui sera fait. L'obtention de la carte de séjour ne prendra guère plus de temps.

Pourquoi un revirement aussi rapide alors que l'affaire traînait depuis des mois ? Il pourrait être lié, selon certaines sources, à l'envoi par Basri d'une quatrième lettre à Jacques Chirac, fort différente des précédentes par le ton. Plus de précautions oratoires cette fois mais des menaces de l'ancien ministre de révéler des faits embarrassants pour l'hôte de l'Élysée si Rabat ne lui fournissait pas rapidement un passeport, et Paris un titre de séjour. La missive aurait amené le président français à réclamer une intervention expresse de Mohammed VI pour régler le « cas Basri ». Confiée au secrétaire particulier du roi, la négociation entre le palais et l'intraitable ministre aurait rapidement abouti à un compromis : des papiers en règle et un dédommagement financier d'un côté[1] ; l'assurance de se taire de l'autre...

Depuis, Basri n'est plus « le Marocain sans papiers qui tutoie Chirac », comme l'avait joliment écrit *Le Canard enchaîné*[2]. Il a des papiers en règle et ne tutoie plus Chirac, puisque les liens entre les deux hommes sont rompus. En situation régulière, il continue son combat solitaire. Il accable la nouvelle équipe au pouvoir à Rabat mais prend soin, lorsqu'il est interrogé par un journal, d'épargner le roi. Basri n'aime pas celui qui l'a fait descendre de son piédestal mais il reste le serviteur de la monarchie. Il ne trahira pas.

À Noël 2005, il n'a envoyé aucun cadeau à l'Élysée. Une première depuis plus de vingt ans.

Driss Basri n'est pas l'unique dinosaure de l'ère Hassan II abandonné au bord du chemin. Condamnés

1. Driss Basri n'a jamais confirmé l'existence d'un arrangement.
2. Déjà cité.

par le nouveau système, quelques-uns s'accrochent. D'autres en ont pris leur parti. Raymond Sasia appartient à la dernière catégorie.

Mohammed VI n'a jamais apprécié celui que Hassan II avait chargé de le chaperonner. « Le roi actuel doit être convaincu que c'est moi qui prévenais Hassan II de la vie ébouriffante qu'il menait à Paris et qui lui valait de se faire engueuler à son retour. Il se trompe. En réalité, c'est par la sécurité marocaine qu'il était informé », se défend Sasia.

Erreur ou pas, la disparition de Hassan II a sonné la disgrâce du commissaire français. Elle a été progressive. En juillet, lorsque se profile la fête du Trône, le palais royal envoie un billet d'avion à l'invité Raymond Sasia. Et un salaire continue à lui être versé au Maroc où il ne se rend plus guère. Mais ces attentions ne sont que des miettes comparées à la prévenance extrême dont bénéficiait jadis le Français. Et puis, il y a eu ces phrases en forme de verdict transmises par l'Élysée. « Dites à M. Sasia que ce n'est plus la peine qu'il retourne au Maroc pour s'occuper de la sécurité royale », a lâché Mohammed VI lors d'une de ses visites au président.

Le reste a suivi. L'ancien gorille n'a plus la haute main sur la gestion du parc automobile parisien de la famille royale. Il a perdu le marché de la sécurité de Mohammed VI lorsque celui-ci débarque en France. Bref, il ne compte plus. Pour ajouter à la disgrâce, l'Élysée s'est éloigné d'un Sasia devenu inutile. Conseiller général du Lot (où il siège parmi les non-inscrits), l'ancien « gorille » aujourd'hui septuagénaire rêve d'échanger ce siège bien lointain lorsqu'on réside à Paris contre un fauteuil même éphémère au Conseil économique et social. Or Chirac lui refuse cette faveur depuis des années comme il lui refuse d'être grand-croix de la Légion d'honneur.

Ne reste plus à Raymond Sasia que les souvenirs. Il y a les photos multiples qui tapissent son bureau parisien, avenue Foch, et le siège du centre de tir, implanté dans les sous-sols d'un parking à deux pas de l'Arc de triomphe de l'Étoile, qu'il continue à diriger[1]. Raymond Sasia figure sur presque tous les clichés, au côté du général de Gaulle parfois, dans l'ombre de Hassan II plus souvent. Il y a aussi les relations qui ont résisté au temps. De temps en temps Sasia déjeune avec Basri, son voisin ; il rend visite à Médiouri, dont il a fait la fortune, dans sa maison de Neuilly, aux portes de Paris ; ou il recueille les confidences de quelques-uns des anciens responsables du règne précédent aujourd'hui marginalisés. Il écoute, peste contre ce roi ingrat et, comme Basri, attend que la marche du temps s'inverse.

André Azoulay est un autre de ces orphelins du règne passé, quoique dans son cas les apparences soient sauves. Conseiller du roi Hassan II il était, conseiller du roi Mohammed VI il demeure. Mais de quel poids pèse-t-il dans le Maroc de Mohammed VI ? « On m'avait assuré qu'il avait de l'influence. J'ai vite compris qu'il n'en était rien. Il était respecté mais pas écouté. Dans la crise entre Madrid et Rabat à propos de l'îlot Persil il n'a joué aucun rôle. C'est un homme

1. Par le nombre des adhérents il s'agit du centre de tir le plus important en France. Le matin est réservé aux différents corps de police tandis que l'après-midi les membres du club viennent s'entraîner.

du passé », estime un diplomate espagnol en poste dans la capitale marocaine jusqu'en 2004. « Il a participé à des réunions entre responsables marocains et espagnols mais les décisions lui échappaient. Elles étaient prises ailleurs », nuance un proche collaborateur de José Maria Aznar.

La marginalisation d'André Azoulay n'a surpris personne. Pas même l'intéressé qui, quelques mois après la disparition de Hassan II, confiait à l'actuel ministre espagnol des Affaires étrangères, Juan Abel Matutes : « Je vais être écarté. » Il ne l'a pas été mais son pouvoir s'est évanoui comme les parfums qui brûlent dans les salles du palais royal.

Du pouvoir, de l'influence, Azoulay en a eu beaucoup dans les années quatre-vingt-dix. Fine moustache, des yeux bleu clair, mince et élancé, une touche d'élégance britannique, celui que l'on surnommait « le banquier juif de la cour » portait beau. Dans son vaste bureau au palais royal, les incontournables photos le montrant avec Hassan II voisinaient avec d'autres clichés, moins convenus, où l'on voyait le conseiller bavarder avec l'ancien Premier ministre israélien assassiné, Itzhak Rabin, et l'artisan des accords d'Oslo, Shimon Pérès.

Paradoxalement, André Azoulay doit beaucoup à Gilles Perrault. C'est pour redorer le blason de son pays natal mis à mal par *Notre ami le roi* que l'ancien directeur du groupe publicitaire Eurocom, passé par Paribas – la banque du Maroc avant l'indépendance –, fut convié au palais royal où il comptait quelques amis. La tâche était exaltante. Avec son ami Maurice Lévy, patron de Publicis, il avait carte blanche et un budget illimité ou presque. Hassan II payait. Des opérations de relations publiques suivirent, aussi nombreuses que coûteuses, pour un résultat difficile à apprécier.

Qu'importe. Azoulay était dans la place. L'homme de gauche qui dans sa jeunesse rêvait de démocratie pour le Maroc s'était laissé séduire sur le tard par Hassan II jusqu'à devenir son conseiller économique. Le poste n'était pas médiocre. Il valait davantage qu'un maroquin ministériel – et pas seulement sur le plan financier. Mais Hassan II avait bien joué aussi. Ignare en économie, il pouvait mettre en avant un banquier libéral plus qu'acceptable aux yeux de la Banque mondiale ou du Fonds monétaire international. Polyglotte, doté d'un solide carnet d'adresses, allant de la France à l'Espagne en passant par Israël, Azoulay symbolisait un Maroc redevenu fréquentable. C'était l'essentiel.

L'ancien banquier, de fait, va peser pour revitaliser la Bourse de Casablanca, accélérer les privatisations, ouvrir les services publics à la concurrence. Et il court les forums internationaux, courtise les hommes d'affaires, rencontre les banquiers pour vendre l'image d'un Maroc ouvert sur la modernité. Parfois, il se trompe dans ses choix. Il présente comme une magnifique victoire l'implantation dans le royaume de Daewoo quelques mois avant la faillite du groupe coréen. En revanche, le Maroc lui doit l'installation de plusieurs entreprises d'informatique.

Au cours de la période libérale de la monarchie, Azoulay est un homme important, riche et comblé. Peu de temps avant sa disparition, Hassan II le nomme à l'Académie du royaume (comme avant lui Henry Kissinger et Léopold Sédar Senghor). Michel Rocard le décore de la Légion d'honneur. Installé à l'Élysée, Jacques Chirac le consulte.

Avec le recul, pourtant, le bilan apparaît mitigé. Le

royaume a meilleure presse que l'Algérie aux prises avec une guerre civile qui ne veut pas dire son nom ou la Tunisie aux mains d'un apprenti dictateur. Mais le Maroc dont il rêvait de faire un « dragon méditerranéen » peine à sortir du lot et à attirer les investisseurs étrangers.

Sans doute faut-il poursuivre l'effort. Avec d'autres alors, car André Azoulay perd pied sitôt Mohammed VI monté sur le trône. La génération des quadras est peu partageuse. Elle ne laisse que des miettes au conseiller économique. Certes, il est sur le tarmac de l'aéroport pour accueillir Abraham Serfaty de retour d'un exil imposé naguère par Hassan II. Certes, on le sollicite pour écrire, par exemple, le discours du roi Mohammed VI en visite officielle en France. Mais le sol se dérobe. Son carnet d'adresses intéresse mais principalement pour faire taire un journal étranger peu aimable pour la famille royale ou la couronne. Lorsque l'affaire Mandari commence à circuler dans les rédactions parisiennes, Azoulay est mobilisé pour tenter de limiter les dégâts. Et lorsque, fin 2001, un hebdomadaire espagnol à grand tirage, *Hola*, fait ses choux gras de la liaison d'une sœur du roi, officiellement mariée, avec le matador El Litri et l'annonce sur son site Internet, c'est encore lui qui est chargé d'éteindre l'incendie. Il n'obtient d'ailleurs qu'une demi-victoire : un temps disparue du site, la nouvelle de la romance ne tarde pas à y réapparaître. Azoulay n'aura pas davantage de succès lorsqu'il tentera de bloquer la diffusion par la chaîne de télévision TV5, la chaîne francophone, d'une interview du cousin du roi, Moulay Hicham, le « prince rouge ». Après quelques jours de flottement, l'interview est diffusée. Les téléspectateurs marocains peuvent juger combien entre Moulay Hicham et son cousin Mohammed VI le fossé est profond.

Plus récemment – en janvier 2005 –, le conseiller royal a refait parler de lui à l'occasion d'une affaire qui en dit long sur l'état du pays. Au départ, un sondage comme tous les journaux en publient entre décembre et janvier pour désigner « l'homme de l'année ». Or, au Maroc, la centaine de personnalités sollicitées par un hebdomadaire eurent le tort de préférer au roi Mohammed VI, placé en seconde position, un ancien prisonnier politique. Pas n'importe lequel : le lauréat, incarcéré dix-sept années durant sous le règne de Hassan II, venait de remettre un rapport officiel sur les « années de plomb », assorti de recommandations pour qu'elles ne puissent revenir.

Le choix était donc fondé. Sauf que, dans une monarchie de droit divin, ne pas faire du roi « l'homme de l'année » avait quelque chose de proprement scandaleux et d'insupportable.

André Azoulay, vaillant petit soldat, ne pouvait pas ne pas intervenir. Dans une interview à un quotidien arabophone édité à Londres, le conseiller du roi fit très vite savoir que « le roi du Maroc est le garant des institutions et des libertés dans le pays et, par conséquent, il ne peut être en concurrence avec personne ». Tout était dit.

Étrange destin en fin de compte que celui d'André Azoulay. À différentes reprises, même du vivant de Hassan II, il laissait poindre devant ses interlocuteurs l'envie de se retirer. Il évoquait en privé sa lassitude. D'autres combats le sollicitaient, comme le dialogue interreligieux auquel il est attaché. Il aurait pu s'y consacrer davantage et s'éloigner du trône. C'est sans doute trop demander à quelqu'un qui a si longtemps goûté aux douceurs du palais. Alors, on ne le chasse pas. On l'éloigne. Vice-président du Festival international du film de Marrakech, il a été poussé vers la sortie par le frère de Mohammed VI au profit de la jeune veuve de Daniel Toscan du Plantier, le père de la manifestation. En guise d'explication, Melita Toscan du Plantier dit : « Le titre de M. Azoulay était quelque part pesant et donnait au festival [un] côté politique et officiel[1]. » Le conseiller du roi s'est replié sur sa ville natale, Essaouira, l'antique Mogador. Il y parraine un festival de musique de chambre et un autre de musique gnaoua[2]. Certains jours, le conseiller du roi doit se demander quel jour il en sera évincé.

Comme s'il pressentait sa mise à l'écart définitive, André Azoulay commence à prendre du champ. Sollicité par le secrétaire général des Nations unies, il fait partie d'un groupe d'une vingtaine d'intellectuels chargés de réfléchir au moyen d'éviter au monde un « choc des civilisations ». Il a aussi été élu ambassadeur de bonne volonté par le Monaco Ambassadors Club que préside le roi Albert II.

Toujours cette attirance pour les monarchies...

1. *Tel Quel*, 19 au 25 novembre 2005.

2. Descendants des esclaves noirs amenés au XVe siècle du Soudan occidental, les gnaouas ont participé à la construction d'Essaouira, la cité portuaire du Sud marocain.

13.

Le cercle des convertis

3 novembre 2005. La banlieue parisienne s'embrase ce soir-là comme elle s'est embrasée la veille et les nuits précédentes. Depuis plus d'une semaine, pas une soirée ne se passe sans que des centaines de voitures ne brûlent au-delà du périphérique à la suite du décès de deux adolescents. La génération « game boy » est dans la rue. Les forces de police aussi.

Pendant que de jeunes Français, fils d'immigrés d'Afrique du Nord ou d'ailleurs, se révoltent et pillent, au numéro 99 de l'avenue des Champs-Élysées, on festoie. Nous sommes au Fouquet's. Ce soir-là, dans les salons du célèbre café, plusieurs centaines d'invités célèbrent le cinquantième anniversaire de l'indépendance du Maroc comme si de rien n'était. L'ambiance est festive, l'orchestre marocain tout comme le buffet. Aux fourneaux, pour tout le mois, des chefs venus de La Mamounia et du Dorint Atlantic Palace d'Agadir.

Il y a du beau linge : le ministre des Affaires étrangères et son épouse ; deux de ses prédécesseurs, Roland Dumas et Hubert Védrine, le président du conseil de surveillance de Vivendi, Caroline Pigozzi, la voix du palais royal dans les colonnes de *Paris Match*, le président du Conseil supérieur de l'audiovisuel,

Dominique Baudis, deux chanteuses, presque assez de députés pour constituer un groupe à l'Assemblée, une poignée de journalistes, et même l'un des animateurs des *Guignols de l'info.* Il y a bien quelques grands absents mais pour de bonnes raisons. Occupé à ramener l'ordre en banlieue, Nicolas Sarkozy a dépêché son conseiller diplomatique. En déplacement à New York, Jean-Marie Messier s'est excusé, tout comme le patron de la Caisse des dépôts et consignations, Francis Mayer.

« Presque tout le gratin parisien a fait le déplacement », savoure Mehdi Qotbi. C'est lui le maître de cérémonie. Petit de taille, des cheveux crépus, des yeux charbonneux, un rire de ténor d'opéra, l'homme est une sorte d'agent double. Professeur de dessin dans un lycée parisien et artiste peintre pour les uns ; vice-roi du Maroc à Paris pour les autres. Il ne commande à personne mais connaît tout le monde. Il n'a aucune fonction officielle mais tout passe par lui. Sa force, c'est son culot, son obstination. Le chasse-t-on par la porte, il revient par la fenêtre. Impossible de s'en débarrasser.

Tenace comme pas un, assoiffé de reconnaissance, il a fait sa pelote. Qotbi a ses entrées à l'Élysée. Jacques Chirac l'a décoré chevalier de la Légion d'honneur. « Le président m'apprécie et Bernadette est très chaleureuse lorsqu'elle me rencontre », dit-il. Depuis la nomination de Dominique de Villepin à la tête du gouvernement, Qotbi a un « frère » à Matignon. Les deux hommes, originaires de Rabat et de la même génération, se sont rencontrés par hasard au début des années quatre-vingt dans un avion entre Paris et New York. Lui avait rendez-vous dans une galerie d'art. Villepin partait en poste à l'ambassade de

France[1]. De cette improbable rencontre entre l'apprenti diplomate qui se rêve en Saint-John Perse et le peintre calligraphe est née une relation au long cours qui ne laisse pas d'étonner. « Qotbi, c'est la bonne action de Villepin l'aristocrate », analyse un journaliste qui les fréquente. Peut-être... Les deux hommes en tout cas savent s'épauler. En témoigne ce livre où les poèmes de l'un accompagnent les calligraphies savamment agencées de l'autre. En témoigne aussi ce hochet supplémentaire offert à Qotbi, promu officier de l'ordre du Mérite par son « frère ». Ce soir de juillet 2004, au ministère de l'Intérieur, Dominique de Villepin parla dans son discours de Mehdi Qotbi, « l'homme des deux rives ». Dans sa réponse, Qotbi le Franco-Marocain évoqua Villepin, ce « grand passeur entre les deux rives ». Comme quoi la proximité se logeait jusque dans les mots.

La densité du réseau de connaissances de l'ambassadeur *bis* du Maroc en France force l'admiration. Qotbi est proche d'une demi-douzaine de ministres. Il est à tu et à toi avec une centaine de députés et une trentaine de sénateurs, selon ses propres calculs. La couleur politique et les luttes de tendance importent peu pour lui. Intime de Dominique de Villepin, à qui il a fait rencontrer Hubert Védrine, il entretient les meilleures relations avec Nicolas Sarkozy qui lui sert du « cher Mehdi » à l'écrit comme à l'oral. À écouter le vice-roi égrener la liste vertigineuse de ses « amitiés », on ne fait plus de différence entre gauche et droite. Jean-François Coppé, le ministre du Budget, et son

1. Le troisième mousquetaire de l'équipe, le chef du service de presse de l'ambassade de France, n'était autre que Philippe Faure, l'actuel ambassadeur de France au Maroc.

collègue de la culture, Renaud Donnedieu de Vabre, sont des « amis » tout comme l'ancien chef de la diplomatie, Hubert Védrine, et le président du groupe socialiste à l'Assemblée nationale, Jean-Marc Ayrault. Si l'on tourne quelques pages de son agenda, peut-être y dénichera-t-on des élus venus d'une gauche plus radicale.

Son carnet d'adresses va au-delà du monde politique. Il embrasse le milieu des affaires – Henri Proglio du groupe Véolia est un autre « ami », Jean-Marie Messier, qu'il a introduit au Maroc, « est en train de devenir un ami » –, inclut le monde de la presse et le milieu littéraire – François Nourissier est « un ami cher » comme Marc Dugain et Frédéric Mitterrand – avec des incursions parmi les artistes. « J'aime être aimé et j'aime qu'on me le prouve », résume Qotbi.

Cet entrelacs de relations hétéroclites dont il peut citer le pendant, aussi fourni, de l'autre côté de la Méditerranée, l'artiste peintre l'a mis au service d'une cause : le Maroc officiel. Issu d'un milieu modeste et élevé à la dure, Mehdi Qotbi, paradoxalement, est moins l'avocat de son peuple que de la monarchie alaouite. Le même enthousiasme qu'il déployait naguère au service de Hassan II rencontré à la fin de sa vie, il l'a mis au service de Mohammed VI. Il organisait des déjeuners de presse lorsque Driss Basri au faîte de sa puissance venait à Paris. Aujourd'hui, il est passé avec armes et bagages du côté des tombeurs de l'ancien vizir. Invité par un journal marocain à citer les personnalités qui l'ont le plus marqué, il place en tête Hassan II, dont il vante l'« intelligence aiguë », la « personnalité d'exception »[1]. Mais c'est pour faire

1. *La Vie économique*, 12 octobre 2001.

l'éloge dans la foulée du jeune roi : « Mohammed VI, c'est l'intelligence du cœur et de l'esprit ; il impressionne par sa culture, par sa connaissance des affaires du monde, et cette proximité désarmante qu'il sait créer avec les gens. » Pour faire bonne mesure, Mehdi Qotbi, qui a pourtant croisé dans sa vie l'abbé Pierre, Louis Aragon, Léopold Sédar Senghor, Octavio Paz, Yasser Arafat, Shimon Pérès et tant d'autres, cite en troisième position... Jacques Chirac, « un homme exceptionnel, d'une chaleur rare, et un grand ami du Maroc ».

Le palais royal n'est pas ingrat. Certes, le nom du vice-roi, pour autant qu'on puisse le savoir, ne figure pas sur la liste des pensionnés officiels. C'est un consommateur maniaque de téléphones portables, mais il ne roule pas carrosse. Les marques d'attention sont ailleurs. Mohammed VI a adoubé Mehdi Qotbi en faisant de lui un officier de l'ordre du Trône. Et il l'a nommé membre du Conseil consultatif des droits de l'homme, un organisme créé du vivant de Hassan II qui porte bien son adjectif – consultatif – comme d'autres portent bien leur nom. Billets d'avion et voiture de fonction avec chauffeur sont accrochés à la fonction. Mais Qotbi a-t-il vraiment besoin de l'argent du palais ? Sa proximité avec le pouvoir lui vaut, sans doute autant que son talent, d'être l'un des peintres les plus sollicités par l'État. La Banque du Maroc lui a commandé une fresque de près de dix mètres de long, qui l'a occupé deux ans et demi. Le Centre de conférences Mohammed VI a pris le relais avec une œuvre aux dimensions à peine inférieures...

Dans sa croisade pour vendre le Maroc en France, Qotbi a deux atouts. L'un est le soutien des responsables français, même s'il agace nombre de diplomates professionnels[1]. Lorsque, prenant acte de l'inertie de l'ambassade du Maroc, il a décidé de commémorer à sa façon le cinquantième anniversaire de l'indépendance du royaume, ce fut avec l'appui du gouvernement. La perspective de voir l'événement passer inaperçu, éclipsé par la venue concomittante à Paris de plusieurs dizaines de patrons algériens, ne plaisait qu'à moitié à Matignon.

L'autre atout est de pouvoir s'appuyer sur un outil sur mesure : le Cercle d'amitié franco-marocain. En maître tacticien, Mehdi Qotbi a compris qu'être au mieux avec des hommes politiques en vue, des capitaines d'industrie célèbres, des intellectuels à la mode, ne suffisait pas. Ses troupes étaient dispersées. Il fallait les enrôler dans une structure. D'où l'idée du Cercle d'amitié.

Elle lui avait été soufflée par Rabat après la publication de *Notre ami le roi*, aux effets dévastateurs au début des années quatre-vingt-dix. « Puisque tu connais tant de gens importants à Paris, fais quelque chose pour nous aider », glissa un proche de Hassan II à Qotbi que Pierre Bérégovoy venait de faire officier des Arts et Lettres quelques jours auparavant. Secrétaire général de l'Élysée et adhérent de la première heure « à titre personnel », Hubert Védrine fut tout de suite bombardé vice-président. D'autres personnalités

1. L'ancien ambassadeur de France au Maroc, Michel de Bonnecorse, ne porte pas Mehdi Qotbi dans son cœur. Venu il y a quelques années faire découvrir le Maroc à des journalistes de la presse écrite, le lobbyiste franco-marocain avait obtenu qu'ils soient reçus par le diplomate. Lorsque arriva l'heure de la rencontre, M. de Bonnecorse demanda que Mehdi Qotbi reste à l'extérieur. Des journalistes prirent sa défense et il fut admis dans la salle où l'ambassadeur recevait la délégation.

allaient suivre, de gauche comme de droite, venues de tous les milieux. Il y avait un peintre, le directeur général d'une grande banque, un journaliste télé, le patron d'un hôpital de l'Assistance publique... Le Cercle était lancé.

Un peu plus d'une dizaine d'années après sa création, il existe toujours. Droite et gauche confondues, ses membres – dont le nombre est limité à une centaine – continuent à s'y côtoyer sans problème, réunis par le même souci d'épauler la monarchie alaouite. Une association concurrente, l'Alliance France-Maroc, créée en 1997 par un radiologue français originaire du royaume, Georges Berdugo, a bien tenté de supplanter le Cercle de Mehdi Qotbi, sans succès. Elle avait beau bénéficier de l'appui de l'ambassade du Maroc en France et de la mairie de Paris, à l'époque entre les mains de Jean Tiberi, l'Alliance n'était pas de taille. Outil de combat destiné à « lutter contre les campagnes de dénigrement, les préjugés et les anathèmes », marquée à droite, cultivant trop sa proximité avec le palais, l'Alliance de M. Berdugo péchait par son manque d'œcuménisme et une trop grande discrétion.

Ce n'est pas un reproche que l'on peut faire au Cercle d'amitié franco-marocain. À Paris, dans des salles gracieusement mises à sa disposition par l'Assemblée nationale ou le Sénat, il organise depuis des années des séminaires où l'on discute gravement des opportunités offertes par le marché marocain que viennent présenter ministres et chefs d'entreprise venus de Rabat ou de Casablanca. À l'occasion, il verse dans les bonnes œuvres, de loin, en payant – ou en faisant payer – très cher des festins dont la recette doit aller soulager une misère lointaine et anonyme. Il lui arrive aussi d'organiser des voyages de presse au Maroc au profit, le plus souvent, de journalistes de la presse de province. Ils n'ont rien à débourser : tout est pris en charge par une poignée d'entreprises marocaines. Les reportages qui suivent ne sont pas des plus critiques. Le seraient-ils, Qotbi veille au grain. Lorsque, au lendemain de l'accession au pouvoir de Mohammed VI, un journaliste eut l'audace de parler de « la gazelle » à propos du nouveau roi et de ses « gestes efféminés », l'article disparut de la revue de presse envoyée en haut lieu[1].

Il arrive que des parlementaires prennent le relais des journalistes. Qotbi sait leur ouvrir les portes des palais et des ministères, les initier à l'hospitalité marocaine. Peu au fait de la réalité politique du royaume, les élus en reviennent avec la foi des nouveaux convertis. Ils n'auront pas discuté avec les dirigeants islamiques ni arpenté les bidonvilles mais n'ignoreront rien de la cuisine locale. *Ensemble*, la lettre épisodique éditée par le Cercle, est là, on l'a vu, pour recueillir leur profession de foi.

Même le président de l'UMP, Nicolas Sarkozy, est passé par Qotbi, l'intime de son rival, Dominique de Villepin, pour aller prêcher la bonne parole en mars 2005 auprès des Français installés au Maroc. Organisé en quarante-huit heures, le programme fut des plus riches : un débat à l'université de Rabat sur le thème du « partenariat Europe-Maroc », l'inauguration d'une Maison de l'alliance franco-marocaine à

1. La remarque sur les « gestes efféminés » venait du directeur du *Nouvel Observateur* qui, à cause de ses liens avec Hassan II, fut le premier journaliste invité à rencontrer Mohammed VI. Il a raconté l'entretien dans son livre *Soleil d'hiver* (Grasset, 2000).

Essaouira, une audience avec le roi à Fès et la rencontre avec les militants de l'UMP. Une lettre de remerciements a suivi où Sarkozy écrit : « La réussite de la visite vous doit beaucoup. » C'est sans doute vrai.

C'est donc sur Qotbi et ses amis que repose aujourd'hui ce que l'on appelait naguère « l'agit-prop » du royaume. Elle est assurément entre de bonnes mains et pourtant l'impression prévaut qu'une époque est révolue, celle où le lobby marocain en France tenait le haut du pavé. Il avait son budget – en partie pris en charge par le ministère du Tourisme –, une ambassade à Paris qui savait endormir les consciences, des hommes sûrs installés au siège des rédactions les plus importantes, des plumes prêtes à défendre le monarque si d'aventure il était pris à partie, des relais dans les chaînes de télévision publiques et privées... Le dispositif subsiste mais étriqué, sans charpente ni relais au palais royal. Comment ne pas s'en réjouir ? Lorsque le comédien Jamel Debbouze, au cours d'une manifestation à Paris, brandit une pancarte réclamant la libération des prisonniers marocains détenus par le Front Polisario à Tindouf, aucune télévision n'a été alertée[1]. Lorsque *Le Figaro* fait sa « une » avec un portrait féroce et sans concession de Mohammed VI, le palais royal reste muet. Lorsque la presse française dénonce l'abandon dans le Sahara de centaines voire de milliers de Subsahariens par Rabat, personne à l'ambassade du Maroc n'est là pour donner la réplique.

1. C'était peu de mois avant que le Front Polisario ne libère effectivement les derniers prisonniers, qu'il détenait pour certains depuis plus de vingt ans.

Le lobby marocain en France est donc déliquescent. Au Sénat, le groupe d'amitiés France-Maroc continue à être le plus important de tous ceux qui existent, avec plus d'une centaine de membres recensés. Idem à la Chambre des députés, où parlementaires de droite et de gauche savent oublier les clivages politiques dès qu'il est question du royaume. Mais rien de conséquent ne sort de ces groupes de pression parlementaires assoupis.

Ironie du sort, la défense des intérêts de Rabat dépend d'une poignée de journaux ou de firmes tricolores qui, soucieux de leurs intérêts propres, servent par la même occasion indirectement ceux de la monarchie. C'est le cas de TF1 et de sa maison mère, le groupe Bouygues. La chaîne privée a diffusé au cours de l'été 2005 un reportage sur Tanger prétexte à une ode à la monarchie sans nuance. En d'autres temps, on aurait tenté de dénouer le fil qui pouvait conduire jusqu'au palais royal. Avec Mohammed VI le fil est cassé. Il n'aboutit à personne. Simplement, Bouygues, par TF1 interposée, défend ses positions d'entrepreneur dans le royaume.

Lecture favorite de Mohammed VI, dit-on, *Paris Match* à travers sa politique éditoriale est une autre illustration du nouveau cours des relations du couple franco-marocain. En concurrence avec les autres titres de ce que l'on appelle la presse people, l'hebdomadaire s'est fait une spécialité de publier des reportages laudatifs sur la famille royale. Les photos sont officielles et les commentaires complaisants au possible. Pourtant, aucun gourou franco-marocain ne s'agite dans l'ombre. Personne dans l'entourage du monarque n'est aux avant-postes de l'opération médiatique. *Paris Match* voulait « faire un coup ». L'intérêt de l'hebdomadaire rejoignait encore une fois celui de la couronne.

Même Jean-René Fourtou défend les intérêts de son groupe avant ceux du royaume. Appelé au secours du groupe Vivendi à l'été 2002, le successeur de Jean-Marie Messier fait de la prise de contrôle majoritaire de Maroc Telecom, le principal opérateur de téléphone, un axe du redressement de Vivendi mis à mal par une dette abyssale. La stratégie est valable, tant la rentabilité de l'entreprise marocaine est élevée. Mais les négociations avec les pouvoirs publics achoppent sur le prix de Maroc Telecom, dont Vivendi est déjà l'actionnaire principal mais non majoritaire. Or, au cours de cette même période, la fondation familiale créée par Fourtou pour réduire le montant de l'impôt sur la fortune va faire don de 200 000 euros en deux ans à la Fondation Mohammed V pour la solidarité. Difficile d'y voir un simple effet du hasard. C'est « un bon moyen de s'attirer les faveurs du roi. Surtout quand on négocie avec lui le contrôle à 51 % de Maroc Telecom [1] », note l'hebdomadaire *Capital*.

Bref, ce ne sont plus que stratégies individuelles. Le chef d'orchestre disparu, chacun joue sa propre partition. Bouygues a la sienne tout comme Vivendi, le groupe Lagardère et d'autres. Elles contribuent à conforter une image erronée du royaume comme naguère. Les dirigeants marocains n'en demandent sans doute pas davantage. Quant aux Français qui ont choisi de résider au Maroc, pourquoi dans ces conditions s'inquiéteraient-ils de l'avenir d'un pays qui semble vivre un conte de fées depuis six ans ?

---

1. *Capital*, février 2005.

En guise de conclusion

Empreintes de stabilité, les relations entre la France et le Maroc approchent d'un nouveau rendez-vous : l'élection présidentielle de 2007. Le jeu est ouvert et ce peut être l'occasion d'un changement comme d'une continuité. Tout dépendra du nom du prochain président de la République.

Le cas le plus simple est celui où Jacques Chirac se succéderait à lui-même. On peut alors prédire que le chef de l'État, réélu pour un troisième mandat, ferait tout son possible pour sauvegarder la relation France-Maroc telle qu'elle existe. Or c'est une relation paternaliste et la maintenir inchangée ne ferait que prolonger l'assistanat dans lequel baigne le royaume. On sait combien il est stérile, en particulier sur le plan diplomatique. Il reste que cette hypothèse est aujourd'hui écartée par presque tous les observateurs.

Le dauphin Dominique de Villepin l'emportera-t-il ? Sauf surprise, ce serait aussi la promesse que les relations entre la France et son ancien protectorat n'évolueront guère tant l'actuel Premier ministre a donné des gages. Ministre des Affaires étrangères, ministre de l'Intérieur, Premier ministre... À tous ces postes, l'enfant de Rabat a montré qu'il ne serait pas l'homme des ruptures, du moins s'agissant du lien franco-marocain.

Nicolas Sarkozy ? Il a pour lui d'être tombé tardivement dans la marmite marocaine. Mais comme s'il s'agissait de rattraper le temps perdu, depuis quelques mois, il multiplie les déplacements dans le royaume. Il s'y rend tantôt avec la casquette de ministre de l'Intérieur en charge des cultes et de la lutte antiterroriste, tantôt comme présidentiable en quête de voix à glaner au sein de la communauté française au Maroc. La leçon de Jacques Chirac a été retenue.

S'il venait à être élu président de la République, Nicolas Sarkozy ne modifierait sans doute pas davantage la donne franco-marocaine. Il a trop fait l'éloge du régime et de la « forte démocratie » marocaine, il a trop vanté l'« exemplarité » du lien entre Paris et Rabat, pour qu'on puisse attendre de lui un bouleversement quelconque. À ceux qui en douteraient, on peut rappeler que, lors de sa première visite « officielle » au Maroc, où l'avait envoyé un Jacques Chirac maire de Paris, le jeune Nicolas s'était singularisé en allant faire au Sahara occidental des déclarations pro-marocaines, à la grande surprise du palais royal qui n'en demandait pas tant. Sarkozy à la tête de l'État, la continuité l'emportera.

Ce sera aussi le cas, on l'a vu dans les pages précédentes, si d'aventure Dominique Strauss-Kahn était investi pour porter les couleurs des socialistes. Hypothèse d'école, semble-t-il.

Ségolène Royal, François Hollande et Laurent Fabius, en revanche, n'ont aucun lien connu avec le royaume. Aucun ne passe ses vacances dans les palaces de Marrakech ou de Fès, à tout le moins de façon régulière. Ils n'appartiennent à aucun cercle d'amitiés franco-marocaines. À aucun moment ils n'ont fait de déclaration pour dire combien les hommes politiques français pourraient s'inspirer du modèle marocain...

C'est également vrai du candidat « de la dernière chance », Lionel Jospin, dont un de ses proches collaborateurs confiait que, s'il avait été élu à l'Élysée en 2002, « la relation France-Maroc aurait été davantage équilibrée ». Jospin ne traîne derrière lui aucun héritage marocain. Les sceptiques feront observer que c'était également le cas de François Mitterrand avant qu'il ne débarque à l'Élysée...

La question du prochain président français n'est pas anecdotique, vue du Maroc. Non pas que Paris décide de tout dans le royaume, loin s'en faut. Simplement, le pays est confronté à des défis qui, s'ils ne sont pas relevés, pourraient le précipiter dans une zone de turbulences. Le premier est celui du développement. Un Marocain sur six – soit cinq millions de personnes au total – vit au-dessous du seuil de pauvreté. Pour réduire leur nombre et faire décoller le royaume, un taux de croissance de 6 % à 7 % est indispensable, selon les spécialistes. Le Maroc en est loin, trop dépendant qu'il est d'une économie agricole sujette aux caprices de la météo.

Un autre défi est l'émergence d'un islamisme radical dont on a vu qu'il n'hésitait pas à passer à l'acte. Le titre de « Commandeur des croyants » dont s'est parée la monarchie est un bouclier bien fragile. Des milliers de « barbus » ou prétendus tels ont été arrêtés et incarcérés depuis les attentats de Casablanca. Dénoncée par les associations de droits de l'homme, la répression – on l'oublie trop souvent – a été terrible. Les tribunaux du royaume ont distribué des centaines d'années de prison. Peut-on en conclure, comme le font les autorités, que le royaume est à l'abri de nouveaux attentats ? On aimerait le croire.

Il y a aussi la question du Sahara occidental qui pèse sur les finances de l'État et fait que les relations avec le voisin algérien paraissent condamnées à rester médiocres. À l'heure où se constituent dans le monde des ensembles régionaux, l'animosité entre les deux principaux États du Maghreb est un frein au progrès de l'ensemble de la région.

Si la France, comme le proclament ses responsables, souhaite vraiment aider le Maroc, elle doit revoir ses relations avec lui. Elle doit aider le royaume sans le chaperonner. L'épauler sans le dorloter. C'est aussi à ce prix qu'elle peut espérer continuer à faire entendre sa voix au Maroc.

Table

DU MÊME AUTEUR

Emmanuel d'Astier. La plume et l'épée,
Arléa, 1987.

Notre ami Ben Ali. L'envers du « miracle tunisien »,
avec Nicolas Beau, La Découverte, 1999.

Le Dernier Roi. Crépuscule d'une dynastie,
Grasset, 2001.

Composition Nord Compo
Impression Bussière, mars 2006
Editions Albin Michel
22, rue Huyghens, 75014 Paris
www.albin-michel.fr
ISBN 2-226-17087-1
N° d'édition : 24383. – N° d'impression : 061161/4.
Dépôt légal : mars 2006.
Imprimé en France.